SÜDLICHES PIEMONT

Lisa Bahnmüller

DANKSAGUNG

Unser Dank gilt dem zuvorkommend hilfsbereiten Team des Touristenbüros ATL von Asti, vor allem Herrn Carlo Cerrato, der durch sein überragendes Organisationstalent und durch seine weitreichenden Verbindungen viele Tore geöffnet hat und der in langen Gesprächen an unvergesslich-netten Abenden nicht allein bloße Tatsachen vermittelt hat, sondern vor allem Liebe und Verständnis zu dieser herrlichen Region geweckt hat. Herr Mario Ribero hat durch seine Gastfreundschaft die Recherchen zu diesem Buch erheblich erleichtert. Laura Borgo, die sprachgewandte Dolmetscherin, hat das Verständnis für die komplizierten Hintergründe des Sagre und des Palio d'Asti vermittelt, Dodi Merlino hat sich durch besondere Ausdauer auf den Wanderungen und durch detailreiche Kenntnisse ihrer Heimat ausgezeichnet.

Einen erheblichen Anteil zum Gelingen des Buches haben die vielen freundlichen Einwohner des Monferrato, des Roero und der Langhe durch ihre liebenswerte Art, ihre spontane Hilfsbereitschaft und ihre Gastfreundlichkeit. Sie haben die Lust zu vielen weiteren Reisen in den Süden des Piemont geweckt.

ZEICHENERKLÄRUNG ZU DEN TOURENKARTEN

A4 · 9	Autobahn			Aussicht
40	Hauptstraße			Einkehr/Hütte
	Landstraße			Kirche/Kloster
	Nebenstraße			Turm
	Fahrweg			Museum
- - - - - -	Fußpfad			Prähistorische Fundstelle
	Bahnlinie mit Bahnhof			Denkmal
(A) — (E)	Tourenführung mit Anfangs- und Endpunkt			Höhle/Grotte
- - - - -	Tourenvariante			Schloß/Burg/Ruine
	Seilbahn			Camping
Mondsee	Sehenswerter Ort/Stadt			Felsen/Felsschraffen
▲	Gipfel			Markanter Baum
⤳	Pass			Sehenswert
◆ ▼	Quelle - Wasserfall			Landschaftlicher Höhepunkt
P	Parkmöglichkeit		(H)	Busverbindung/ Haltestelle

VIER HAUPTKAPITEL

Einführung
Kurze Einstimmung auf das Reiseziel.

Die schönsten Wanderungen
30 Tourenvorschläge mit Kartenskizzen,
Infokästen und Tipps.

Sehenswürdigkeiten von A bis Z
Die Highlights der Region.

Reise-Informationen von A bis Z
Aktuelle Infos für die Urlaubsplanung und das
Zurechtfinden vor Ort.

**PIKTOGRAMME
ERLEICHTERN
DEN ÜBERBLICK:**

Schwierigkeits-
grad:

 Weglänge

◯ leicht

 Gehzeit

◑ mittel

 Höhenunterschied

● anspruchsvoll

 kindgerecht

**BRUCKMANNS
»SCHNELLSUCHE«**

Farben helfen finden
Bunt hervorgehobene Stichwörter verweisen auf
das jeweilige Kapitel:

grün = Die schönsten Wanderungen
blau = Sehenswürdigkeiten von A bis Z
orange = Reise-Informationen von A bis Z

BUCH & FALTKARTE

Koordinaten zur Orientierung
Zur raschen Lokalisierung aller Sehenswürdigkeiten
und Wandervorschläge auf der beigegebenen
Reisekarte sind im Buch die entsprechenden Koor-
dinaten des Kartenrasters jeweils angegeben:
Beispiel: Karte: B 4/5

**Wanderung 8
Seite 85**

In der Faltkarte wird bei der
Tour auf die Seitenzahl
im Buch verwiesen.

INHALT

Unbekanntes Piemont 10 • Monferrato und Langhe 11 •
Wie das Land entstand 12 • Die Geschichte 13 • Verschiedene
Herrscher 15 • Das Karussell der Geschichte 16 • Fiat in Turin,
Tourismus 17 • Wie im Schlaraffenland 17 • Wandern im Süd-
lichen Piemont 20

UNBEKANNTES PIEMONT

Vorherige Doppelseite: Blick über Weinberge bei Portacomaro auf den Westalpenbogen

Unentdeckt und unbekannt, Piemont, das Land am Fuß der Berge ist die versteckte Schöne. Abseits der großen Reiserouten wird es seit vielen Jahren von all den selbst ernannten Italienkennern mehr als stiefmütterlich behandelt. Wo sind denn die Erzählungen, Gedichte oder Reiseberichte unserer bekanntesten Italo-Fans Goethe, Hesse, Dickens oder Hemingway? Alle bereisten den Stiefel, sogar bis zum südlichsten Zipfel Siziliens.

Über Venetien und über die Toskana werden seit vielen Jahrhunderten Loblieder gesungen. Aber die piemontesische Gegend ganz im Westen Italiens bleibt meist links liegen. Zum Glück! Keine überlaufenen Sehenswürdigkeiten und voll gestopfte Kirchen, kein stundenlanges Warten auf Eintrittskarten für Museen, keine Horden japanischer Tagestouristen auf idyllisch angelegten Piazzettas, keine durch Reisebusse überfüllten Zufahrtstraßen in die Städte und schon gar keine Speisekarten mit »Menu-Turistico-Vorschlägen« in Deutsch, Englisch, Holländisch und Französisch. Hier ist alles noch ein bisschen echter und unverfälschter als andernorts in Italien. Verschwenderisch scheint die Natur ein Füllhorn voll Glück über das Piemont gegossen zu haben.

Dieses Schlaraffenland Piemont, das im Norden von den Schweizer Alpen, im Westen von den Bergen Frankreichs und im Süden von den ligurischen Seealpen und damit von der italienischen Riviera begrenzt wird, teilt sich heute in vier große Regionen. Im Norden, um den **Lago Maggiore** und den **Ortasee**, liegen die größten touristischen Zentren. Die Poebene mit **Novara** und **Vercelli** ist für den Reisanbau berühmt und kommt im Winter wegen seines lang anhaltenden Nebels in die Schlagzeilen. Die vielen Alpentäler, wie **Val Maira**, **Val Varaita**, **Val Susa**, **Val Po** oder die Ausläufer des **Val d'Aosta** mit **Ivrea** begrenzen das Piemont strahlenförmig.

Schließlich gibt es im Süden das Hügelland des Monferrato, des Roero und der Langhe. Hier schlägt das eigentliche Herz des Piemont. Die Grenzen zwischen diesen drei Gebieten sind nicht scharf zu ziehen. Sie haben keine politische oder wirtschaftliche Bedeutung, sondern sind eher aufgrund ihrer unterschiedlichen Landschaftsstruktur historisch gewachsen.

Monferrato und Langhe

Das **Monferrato** mit seiner hügeligen Landschaft beginnt am südlichen Ufer des Po und zieht sich bis zur Stadt Alba hin. Es ist reich an Burgen und romanischen Kirchen, sein Boden eignet sich hervorragend für den Anbau der Muskatellertraube, die zu einem süßen Dessertwein oder zu Spumante verarbeitet wird. Seine Hauptstadt **Asti** ist das geistige Zentrum des südlichen Piemont und gleichzeitig sein bedeutendester wirtschaftliche Standort.

Blick über Weinfelder auf Montemagno

Die **Langhe** südlich von **Alba** erstreckt sich zwischen den Flüssen Tanaro und Bormida di Spigno bis zum ligurischen Apennin. Die Herkunft dieses Namens konnte bis heute nicht ganz geklärt werden. Im lokalen Sprachgebrauch steht »Langhe« für lang gezogene Hügelrücken und sanft geschwungene Kuppen, zwischen denen tiefe Flusstäler und Schluchten liegen.

Man unterteilt die Region in die untere Langhe, die Bassa Langhe mit Hügeln von ca. 400 m Höhe, und der weiter südlich gelegenen oberen Langhe, der Alto Langhe, in der sich die Hügel bis zu 900 m aufwölben. Diese Landschaft bietet den Eindruck einer voralpinen und dennoch mediterran beeinflussten Kultur. Das Gebiet der Langhe rund um die Stadt Alba ist touristisch bestens erschlossen, es mangelt nicht an Pensionen und Unterkünften von der einfachsten Kategorie bis zur absoluten Luxusklasse. Hier liegen die berühmten Weinorte des Barolo oder des Barbaresco: Weinberge so weit das Auge reicht. Abwechslung findet man jedoch genug in den vielen netten Dörfern, die oft von Burgen oder gar von Festungen bekrönt sind. Die Alta Langhe hingegen ist einsamer, wilder und landschaftlich gesehen viel abwechslungsreicher. Die Hügel sind von einem Mischwald aus Kastanien, Pinien, Robinien, Akazien und Eichen bedeckt, die Bauern haben sich vor allem auf den Anbau von Haselnüssen spezialisiert. Der Zucht von Schafen und Kühen für die Käseproduktion fällt ebenfalls eine große Bedeutung zu.

Nordwestlich der Langhe schließt sich das **Roero** an; das breite Flussbett des Tanaro bildet eine natürliche Grenze. Charakteristisch sind die eindrucksvollen, stark erodierten Hügel, die zur Turiner Ebene hin sanft abfallen. Der Name stammt vom Adelsgeschlecht Roero, die im 13. Jh. die Gegend beherrschten. Auch hier haben sich auf den steilen reliefartigen Hügeln viele Burgen erhalten, die Wahrzeichen des Roero sind.

Wie das Land entstand

Um die Entstehung dieser abwechslungsreichen Landschaft zu verstehen, müssen wir mehr als 100 Millionen Jahre zurückgehen. Damals begann die Kontinentalplatte Afrikas mit einer Drift nach Norden und stieß dabei auf die Eurasische Kontinentalplatte, die, ähnlich wie ein Tischtuch, das man zusammenschiebt,

Weinfelder bei Costigliole d'Asti

aufgefaltet wurde. Weil der Druck aus dem Süden kam, sind hier die Berge höher als am Alpen-Nordkamm. Dort, wo die beiden Platten unmittelbar aufeinander stießen, wurde die eurasische Platte nach unten gedrückt, es öffnete sich ein breites Tal von fast 500 km Länge, das immer tiefer wurde und schließlich vom Ur-meer Thethys gefüllt wurde. Das Wasser blieb, in geologischen Zeiträumen betrachtet, jedoch nicht lange. Im Gebirge setzte die Erosion ein. Geröll, Schutt und Steine wurden von Bächen und Flüssen in die Ebene geschwemmt und füllten den Meeresarm wieder auf. Die Poebene war entstanden.

Die Gebirgsauffaltung und Erosion sind die wichtigsten Kräfte im Spiel der Natur bei der Landschaftsgestaltung. Vor etwa 20 Millionen Jahren begann sich der aufgeschüttete Meeresboden durch den Druck der afrikanischen Kontinentalplatte wieder zu heben. Es entstand eine Art Mittelgebirge, das Monferrato, das Roero und die Langhe. Je nach dem, welcher Gesteinsschutt zuvor angeschwemmt wurde, findet man in dem so entstandenen Hügelland die verschiedensten Materialien, hauptsächlich Sand, Erde, Ton und Mergel – ideal für Weinreben.

Die Geschichte

Ebenso abwechslungsreich wie die Geologie ist die Geschichte des Piemont. Das ist schon durch seine geografische Randlage bedingt. Das ursprünglich von Ligurern und Kelten bewohnte Piemont kam erst zu Beginn der Kaiserzeit in den römischen Machtbereich. Städte wie Hasta (**Asti**), Aquae Statiella (**Acqui Terme**) oder Oppidum Taurania (Turin) wurden gegründet und mit Militärstraßen an das Römische Reich angeschlossen. Während der Völkerwanderung erreichten die Langobarden Norditalien und errichteten hier ein Königreich, das für fast 200 Jahre Bestand hatte. Erst 774 besiegte Kaiser **Karl der Große**, von Papst Hadrian zur Hilfe verpflichtet, den letzten Langobardenkönig **Desiderius**, schickte ihn ins Kloster und setzte sich selbst die eiserne Königskrone der Langobarden auf. Er trug fortan den Titel »König der Franken und Langobarden«.

Diese Frankenherrschaft im Piemont war jedoch nur von kurzer Dauer. Nach ihrem Ende 887 folgten blutige Jahre. Jeder kämpfte gegen jeden, um seine Macht zu erweitern. Zu allem Überfluss fielen in dieser Zeit auch noch Sarazenen von der ligurischen

Küste her plündernd und mordend ins Land. Als dann schlussendlich die Ungarn mit ihren Reiterheeren durch das Piemont stürmten, war es fast vollkommen entvölkert.

Im frühen 11. Jh. stand ganz Norditalien und damit auch das Piemont unter den sozialen und politischen Spannungen der ottonischen Reichspolitik. Neben dem Hochadel, der meist aus fränkisch/langobardischen Dynastien stammte, wollte auch der niedrige Adel seinen Machtbereich ausdehnen, obwohl er erst wenige Jahre zuvor vom Hochadel eingesetzt worden war. Mit dem Bau vieler Burgen und Festungen versuchten sie das Land zu beherrschen. Es entstanden Grafschaften, Herzogtümer und Marquismate. Die wichtigsten Adelsfamilien waren die **Markgrafen des Monferrato**, von **Saluzzo** und die **Savoyer**. Neben dem Adel drängten auch die zu Wohlstand gekommenen Städte nach Selbstbestimmung.

Auf der Piazza S. Secondo in Asti

Stadtrepubliken wie **Asti**, **Alba** und **Turin** wurden ausgerufen. Den geeigneten Nährboden lieferte der Ausgang des Investiturstreits zwischen dem deutschen Kaiser und dem Papst. Jahrelang nutzten die deutschen ottonischen Könige ihr Recht, selbst die Bischöfe in ihren Städten einzusetzen. Dafür wurden die hohen Kirchenämter schlichtweg erkauft (Simonie) bzw. an politisch Gleichgesinnte und treue Untertanen vergeben. Erst als Papst **Gregor VII.** in Rom das Schwinden seiner Macht bemerkte, kam es zur Auseinandersetzung mit dem deutschen **Kaiser Heinrich II.**, die mit seiner Niederlage und dem Gang nach Canossa endete.

Ohne die Rückendeckung durch die kaiserliche Krone wurden den Bischöfen in den Städten durch das Bürgertum immer mehr Rechte entzogen, bis sie nur noch repräsentative Funktion hatten. So prägten die mittlerweile mächtig gewordenen Stadtrepubliken die Geschichte und Kultur des mittelalterlichen Piemonts.

Verschiedene Herrscher

Doch es blieb nicht lange friedlich, die aufstrebenden Städte begannen gegeneinander zu kämpfen und überdies noch mit den jeweiligen Markgrafen zu streiten, in deren Herrschaftsgebiet sie eigentlich standen. Über viele Jahre konnte die Stadt Asti ihre mächtige Stellung halten, erst 1260 unterlag sie in einem Kampf gegen das vom Papst zu Hilfe gerufene französische Heer des Herzogs von Anjou. Nun begann ein blutiger Bürgerkrieg innerhalb der Städte. Die päpstlich gesinnten Guelfen schlugen sich mit kaisertreuen Ghibellinen fast bis zur gegenseitigen Vernichtung. Kurz vor dem Zusammenbruch wurden die Herzöge **Visconti** von Mailand zu Hilfe gerufen. Das bedeutete das endgültige Aus für die Stadtrepubliken, die Visconti dehnten ihr Machtgebiet weit in das Piemont hinein aus. Städte wie Alessandria, Alba und Cherasco wurden eingenommen und nun von den Mailänder Herzögen regiert. In dieser Zeit erweiterten auch die drei Grafschaften **Monferrato**, **Savoyen** und **Saluzzo** ihr Territorium. Mehr oder minder geschickt, die Methoden der Heirat, Erbschaft, Verkäufe und Kämpfe kannten sie alle, erhielt **Amedeo VIII.** von Savoyen 1416 den ersten Herzogstitel im Piemont.

Ab 1494 geriet das Piemont in die Schusslinie der französischen Feldzüge, die **Karl VIII.** gegen Mailand führte. Auch der zweite französische Italienfeldzug 1499, diesmal angeführt von **Ludwig XII.**, der Erbansprüche auf Mailand geltend machte, wurde zum großen Teil auf piemontesischem Grund und Boden ausgetragen. Nach der Mailänder Niederlage waren die Grafschaften, Herzogtümer und Städte praktisch von Frankreich umgeben und damit so gut wie machtlos. 1537 vereinnahmten die Franzosen das Herzogtum Savoyen mit der Stadt Turin und, gut zehn Jahre später, die Markgrafschaft Saluzzo. Nur **Cuneo** konnte sich 1557 erfolgreich gegen eine Okkupierung wehren. Wenige Jahre später war der französische Spuk vorbei. Nach einem Sieg der Spanier über die Franzosen wurde in Chateau-Cambrésis ein Friedensvertrag geschlossen, die Verlierer mussten sich langsam aus den von ihnen besetzten Gebieten in Italien zurückziehen.

Herzog **Emanuele Filiberto von Savoyen** kehrte in ein vollständig zerstörtes Turin zurück und ließ die Hauptstadt seines Herzogtums von Chambéry hierher verlegen. 1578 überführt er das berühmte Grabtuch Christi in die Kirche Santa Sindone, in der es seither aufbewahrt wird. Sein Nachfolger **Carlo Emanuele I.** baute **Turin** systematisch nach französischem Vorbild aus und versuchte gleichzeitig, seinen Machtbereich auszuweiten. Nach vielen Kämpfen konnte er 1601 die letzte noch von den Franzosen besetzte Markgrafschaft Saluzzo zurückerobern.

Das Karussell der Geschichte

Nun gab es nur noch zwei große Herrscherhäuser im Piemont. Die Dynastie der Monferrater, die mittlerweile zur Familie **Gonzaga aus Mantua** gehörten, und die der Savoyer. Als 1626 das Geschlecht der Monferrater ausstarb, blieb nur noch das mächtige Herzogtum von Savoyen übrig, das jedoch immer noch stark von Frankreich abhängig war. Die Ursache ist mehr persönlich als politisch zu sehen, denn die Herzöge verheirateten ihre Thronfolger immer mit selbstbewussten und ehrgeizigen Frauen aus den wichtigsten französischen Adelsfamilien. Diese Ehefrauen wussten sehr wohl, was sie ihrer Heimat schuldig waren. Um 1700 drehte sich das Karussell der Geschichte erneut. Im spanischen Erbfolgekrieg stritten die europäischen Großmächte um das reiche Spanien und seine Provinzen.

Wie so oft lag das Piemont genau zwischen den Fronten der Franzosen und der österreichischen Habsburger, die mittlerweile bis Mailand vorgedrungen waren. 1706 wurde Turin vier Monate lang belagert, dann aber durch den berühmten **Prinz Eugen von Savoyen-Carignano** befreit. Zusammen mit den Österreichern gelang es, die Franzosen endgültig auf die andere Seite der Alpen zu bannen. Als Dank verliehen die Großmächte 1713 dem Herzogtum Savoyen die Königswürde mit dem Titel »Königreich von Sardinien und Piemont«.

Unter **Napoleon** eroberten 1796 noch einmal die Franzosen den Landstrich in Oberitalien. Aber bereits 1814 konnte **Vittorio Emanuele I.** seine Regierungsgeschäfte wieder aufnehmen, obwohl der Einfluss der Österreicher überall zu spüren war. Deshalb kam es zu ersten Aufständen der Unabhängigkeits- und Einigungsbewegung Italiens. Schließlich wurden die Österreicher 1859 in der Schlacht von Solferino geschlagen; zwei Jahre später wurde das Königreich Italiens unter dem savoyischen König **Vittorio Emanuele II.** ausgerufen. Turin blieb allerdings nur vier Jahre Königsstadt, dann zog der Hof über Florenz nach Rom.

Fiat in Turin, Tourismus

Kurz vor der Wende zum 20. Jahrhundert gründete **Giovanni Agnelli** die Automobilfirma Fiat in **Turin** und setzte damit einen Meilenstein in der Geschichte der Industrialisierung. Ab 1922 folgten die dunklen Jahre des Faschismus unter **Mussolini**, sie endeten mit der Katastrophe des Zweiten Weltkrieges. 1946 wurde in Italien die Republik ausgerufen und die savoyische Königsfamilie verbannt. In den 50er und 60er Jahren setzte mit dem Wirtschaftswachstum ein großer Zustrom von billigen Arbeitskräften aus dem Süden ein. Dadurch entstanden massive soziale Spannungen, die sich 1969 in den großen Städten in Arbeiteraufständen entluden. 1992 wurde mit großem Erfolg die Partei Liga Nord gegründet, mit dem Ziel, den reichen Norden von den wirtschaftlich ärmeren Regionen des Südens abzutrennen.

1999 erhielt Turin den Zuschlag für die olympischen Winterspiele im Jahr 2006. Von diesem weltweit beachteten sportlichen Ereignis erwarten sich die Piemontesen zusätzlich wirtschaftliche Impulse und einen kräftigen Aufschwung ihres Tourismus.

Spezialitäten auf dem Markt in Asti

Wie im Schlaraffenland

Wer jedoch glaubt, das Piemont habe dem Reisenden nur bewegte Geschichte, Kunstwerke und liebliche Natur zu bieten, irrt sich gewaltig. Hier im Piemont versteht man unter wahrer Kultur Essen und Trinken im Kreis der Familie oder mit guten Freunden.

Unter den vielen Kennern der italienischen Küche steht die des Piemont unumstritten an der Spitze. Vergessen sollte man alle Diätpläne, den Cholesterin-

Im Weinkeller der Bottega del Grignolino/Portacomaro

spiegel und sämtliche guten Vorsätze. Am besten man stürzt sich einfach hinein und schwelgt in den Gerichten, die da kommen. Eine italienische Mahlzeit besteht aus Antipasti (Vorspeisen), Primo Piatto (1. Gang, meistens Nudel- oder Reisvariationen), Secondo Piatto (2. Gang, Fleisch oder Fischgericht) und Dolce (Dessert) bzw. Formaggio (Käse) und Frutta (Obst).

Dabei spielen im Piemont vor allem die Antipasti eine große Rolle. Sie sind das Aushängeschild eines jeden Küchenmeisters. Drei Gänge bietet er auf alle Fälle, aber er kann sich leicht bis zu zehn Varianten steigern. Salami oder Käse von lokalen Herstellern, Carne cruda (rohes Fleisch, gehackt, gewürzt und abgeschmeckt mit Olivenöl und Zitronensaft), Gemüse als Soufflee oder Omelett, eingelegt mit Knoblauch, Öl und Gewürzen, gefüllt mit Reis, mariniert und in vielen anderen Varianten. Oft mit der Soße fonduta, eine Art Käsefondue aus Fontinakäse und Eiern, die auch als Suppe genossen werden kann. Vitello tonnato (Kalbfleisch mit Thunfisch-Kapern-Soße), Carpaccio (marinierte hauchdünn geschnittene rohe Rinderlende), Salate mit Entenbrust, gekochte Zunge mit Gänseleber oder Salsa verde (einer grünen Soße, die aus Kräutern, Sardellen und Knoblauch besteht), Tomino, in Kräutern, Öl oder Trüffel gewälzte kleine Frischkäsetaler.

Berühmt ist die Bagna Cauda, einer Art Gemüsefondue, wobei man rohes Gemüse wie den weißen Mangold aus **Nizza Monferrato** oder die gelbe Paprika aus **Costigliole** in eine heiße Sardellen-Knoblauch-Butter- und Ölsoße tunkt. Als weitere Vorspeisen-spezialität gilt das Fritto misto (ein Gemisch von frittierter Wurst, Innereien und Hirn) das mit süßen Griesschnitten gegessen wird. Diese Kombination mag ein wenig befremdlich klingen, aber wer es versucht hat, ist begeistert.

Zu den typischen Primi piatti zählen die Agnolotti alla Piemonte-se (mit Fleisch, Käse oder Gemüse gefüllte kleine Teigtaschen). Bevor sie in Salzwasser gekocht werden, drückt man sie zusammen, deshalb heißen sie auch al plin (mit Falte). Für Spagetti-freunde sieht es eher düster aus. Aber spätestens nach den gold-gelben Taglierini (hauchdünne Eiernudeln), an denen darüber gehobelter Trüffel besonders fein seinen köstlichen Geschmack entfaltet, dürften auch Pastafans wieder getröstet sein. Zahlreich sind die Varianten von dem aus der Poebene bei **Vercelli** stam-menden Risotto (Reis). Er wird gerne mit Pilzen (Porcini/Steinpil-zen oder Trüffel) serviert, auch mit Speck, Nüssen und Äpfeln.

Seltener angeboten, aber dennoch sehr beliebt sind Gnocchi, kleine Knödel aus Kartoffeln oder Gries, umgeben von gehaltvol-len Sahne-Käsesoßen. Eine weitere wichtige Rolle spielt die Po-lenta. Aus dem gelben Maismehl werden Aufläufe, verschiedene Breivarianten oder Scheiben gekocht, gebacken, gebraten oder gegrillt. Mit Butter und Käse angereichert oder mit einem Stück Fleisch serviert kann die Polenta bereits zu einem Hauptgericht werden. Auch wenn der Magen bereits streikt, das Hungergefühl schon lange erstickt wurde und wahrscheinlich der obere Ho-senknopf bereits geöffnet ist, erst jetzt kommt das Hauptgericht, der eigentliche Höhepunkt jeder Mahlzeit. Es wird vor allem in schwerem Rotwein geschmortes oder gekochtes Rind- und Kalb-fleisch, wie das Brasato al Barolo gegessen.

Es gibt aber auch Wild, eingelegt in Fleischsoße, mit Wein und Kräutern. Hirsch und Rehböcke, Fasan, Rostgänse und Perlhüh-ner, Kaninchen vom Grill, als Terrine oder gefüllt. Als Spezialität gilt das Bollito misto, auch Finanziera genannt. Ein Gemisch aus gekochtem Fleisch, das zu einer Soße aus Innereien, Marsala, Trüffeln und Pilzen gereicht wird. Abrunden lässt sich das Ganze mit einer der vielen schmackhaften Käsesorten. Der Robiola aus **Roccaverano**, der Toma aus **Murrazano**, der Raschera aus Bra oder der **Castelmagno** aus dem **Granatal** gehören sogar zur aus-gezeichneten und mit dem Prädikat D.O.C. versehenen Elite.

Und auch wenn jetzt das schlechte Gewissen plagt, weil einem die Ratschläge des Hausarztes wieder einfallen, man kann seine Geschmacksnerven noch weiter herausfordern. Gekrönt ist das mehrgängige Menü durch eine üppige Anzahl von Desserts. Bonet, ein Pudding aus Schokolade, Nüssen, Sahne und Früchten, macht dabei meistens den Anfang. Die mittlerweile in ganz Europa heimische Panna cotta stammt aus dem Piemont ebenso wie gefüllte Pfirsiche, Maronen-, Kürbis-, Birnen- und Feigentorten. Ein Feuerwerk der Sinne ist die Torta nocciola con Zabaglione all'Asti, Nusstorte mit meistens aus Spumante geschlagenen Weinschaumcreme.

Eisdielen-schild in Mondovi

Auch wenn wir nördlich der Alpen eher die in Alkohol getauchte Piemontkirsche kennen, Nüsse gehören zu den wichtigsten Zutaten der Nachspeisen. Tonda gentile, heißt die Haselnusssorte die vor allem um Cortemilia angebaut wird. Die »sanfte Runde« zeichnet sich vor allem durch ihren feinen, intensiv nussigen Geschmack aus. In den Pasticcerias, den Konditoreien, dient sie als Basis für leckerste Kalorienbomben wie Makronen oder das Torrone, ein weißes Konfekt aus Eiweiß, Zucker, Mandeln und natürlich Haselnüssen.

Produziert werden auch köstliche Pralinen aus Nougat, Plätzchen wie Amaretti oder Baci di Dama, Maron glacés und eine große Auswahl an Schokoladenkonfekt. Um nun doch seinen Magen vor dem Kollaps zu schützen empfiehlt sich ein Espresso, ein Grappa oder ein Barolo Chinato als Abschluss.

Wandern im südlichen Piemont

Nach so viel genussvollem und reichlichem Essen wird nun schnell deutlich, warum die Kombination Wandern, Kultur und Schlemmen im südlichen Piemont eine hervorragende Symbiose bildet. Zum Teil wurde der Umfang der Wanderungen deshalb kürzer gehalten, so dass sich manche der Touren für den Nachmittag oder als ausgedehnte Verdauungsspaziergänge eignen. Es bleibt genügend Zeit für kulturelle Sehenswürdigkeiten und zur Erholung.

Das Piemont ist von vielen einsamen Wegen und Pfaden durchzogen, die zum Großteil nur landwirtschaftlich genutzt werden. Leider sind die meisten nicht mit den gut markierten Wanderwegen der Alpen zu vergleichen. Es mangelt immer wieder an ausreichenden und exakten Wegweisern. Die überaus freundlichen und hilfsbereiten Einheimischen erteilen jedoch immer gerne Auskunft.

In der Langhe

1 Von Albugnano zum Kloster Vezzolano

Zum sagenumwobenen Augustinerkloster: Albugnano – Vezzolano – Albugnano
Karte: D2

 leicht

 3,5 km

🕐 1½ Std.

😊 ja

Tourencharakter: Spaziergang durch den Ort bis zum im Tal gelegenen Kloster auf asphaltierten Nebenstraßen.
Beste Jahreszeit: Ganzjährig, in der Mittagszeit ist das Kloster geschlossen.
Ausgangsort: Albugnano, 5,5 km nördlich von → **Castelnuovo Don Bosco**.
Endpunkt: Albugnano.
Wanderkarte: Istituto Geografico Centrale/Torino Nr. 20.
Markierung: Keine.
Verkehrsanbindung: Keine, Taxi ab Castelnuovo di Don Bosco.

Einkehr: Vezzolano: Imbiss-Stand am Parkplatz vor dem Kloster; Albugnano: Restaurant Belvedere, Via Regina Margherita 11.
Unterkunft: Albugnano: Agriturismo Cooperativa Agricola Terra e Gente, Loc. Sant' Emiliano 45, Tel. 011/9 92 08 41; Agriturismo, Monastero del Rul, Loc. Vezzolano 57, Tel. 011/9 92 20 31: Pferdereiten und Radtouren.
Tourist-Info: Über das Kloster Vezzolano im Haus neben der Abtei.

Vorherige Doppelseite: vom »Balkon der Langhe«: La Morra

Die romanische Abtei Vezzolano → **Albugnano** zählt zu den bedeutendsten mittelalterlichen Baudenkmälern des Piemont. Abseits der großen Straßen liegt es in einer malerischen Talsenke. Die Grünfläche vor der Klosterkirche eignet sich hervorragend für ein Picknick nach der lohnenswerten Besichtigung.

Der Wegverlauf

In **Albugnano** lassen wir das Auto am Platz vor dem **Rathaus** und dem **Restaurant Belvedere** stehen und gehen am Kriegerdenkmal vorbei durch die **Via Regina Margherita** hinauf in den Ort. Die Straße führt uns an der Kirche entlang und über ein paar Stufen durch eine Grünanlage bis zum **Panoramapunkt** an der höchsten Stelle des Ortes. Unser Blick schweift über die Ziegeldächer von Albugnano und bis weit nach Südwesten zum → **Colle di Don Bosco** oder zur → **Superga bei Turin**. Nach der Rund-

Bei Albugnano

umschau drehen wir um, gehen zurück bis kurz nach der **Kirche** und biegen rechts in die erste Gasse ein. Der Weg führt zwischen Häusern hindurch abwärts, an der nächsten Gasse geht es erneut nach rechts an einem schönen Palazzo vorbei. Wir folgen der Straße und treffen in einer **Serpentine** auf eine Vorfahrtsstraße, auf der wir links weiter nach unten wandern. Die Kreuzung am Friedhof überqueren wir geradeaus, dem Schild **Vezzolano** nach. Ab jetzt bleiben wir auf der geteerten Straße, die uns am **Sportplatz** und einigen Häusern vorbei über ein paar Kurven abwärts bringt.

Wir sehen die Kirche von Vezzolano in völliger Abgeschirmtheit bereits am Ende des Weges. In ihr verbinden sich in seltener Harmonie Eleganz und Ruhe. Nach insgesamt knapp 2 km stehen wir direkt vor der Kirche und den Resten des **Klosters Vezzolano.** Um seine Gründung ranken sich viele historische Volkslegenden und Vermutungen. Die schönste erzählt von Kaiser Karl dem Großen, der hier im Jahr 774 in den Wäldern beim Jagen war. Er hatte allen Grund zur Freude, gerade erst waren die Langobarden unter Desiderius und Adelchus von ihm besiegt worden. Mitten auf seinem Ritt durch den Wald wurde der Kaiser von schrecklichen Visionen befallen. Er sah makabere Totentänze und die Auferstehung der Kriegsopfer. Kurzum, er erlitt einen epileptischen Anfall, von dem er sich durch ein Wunder geheilt glaubte, da sich in unmittelbarer Nähe eine kleine Marienkapelle befand. Daraufhin stiftete der Kaiser eine Abtei mit der dazugehörigen Kirche aus Dankbarkeit für seine Errettung.

Man glaubt, einen Hinweis auf den realen Hintergrund der Sage in den Fresken des nördlichen Kreuzganges zu finden. Auf einem der Bilder entsteigen drei Skelette einem offenen Grab. Ein erschrockener Mann, vielleicht Kaiser Karl, steht mit zwei entsetzten Rittern davor, während ein Mönch sie auffordert, Hilfe von der Muttergottes zu erbitten. Dieses Bild mit der Klostergründung in Verbindung zu bringen, ist nur eine Deutung von vielen, die Kunsthistoriker im Laufe der Zeit versuchten. Doch, ungeachtet des Gelehrtenstreites, scheint sie sehr treffend zu sein. Der Rückweg erfolgt genauso wie der Hinweg.

Wer ein wenig Zeit hat, kann einen Abstecher zum → **Castelnuovo Don Bosco**, dem Geburtsort des Heiligen machen.

2 Von Piovà Massaia nach Cocconato

Durch Täler zum Balkon des Monferrato: Piovà – Carboneri –
Cocconato – Piovà   Karte: D2

 mittel

 16,5 km

 4½ Std.

😊 ja

Tourencharakter: Rundwanderweg durch landwirtschaftliches Gebiet, zum Großteil auf Feldwegen, herrliche Aussichtspunkte.
Beste Jahreszeit: Frühjahr und Herbst, besonders an klaren Tagen guter Blick auf die Alpen, wenig Schatten.
Ausgangsort: Piovà Massaia, ca. 30 km nordwestlich von Asti.
Endpunkt: Piovà Massaia.
Wanderkarte: Istituto Geografico Centrale/Torino Nr. 20.
Markierung: Gelbes Quadrat.
Verkehrsanbindung: Bahn: Von Asti nach Cocconato wochentags sieben Verbindungen, der Bahnhof liegt aber weit außerhalb im Versatal. Bahnfahrer beginnen die Wanderung in Cocconato.

Einkehr: Cocconato: Restaurant/Hotel Cannon d'Oro, Piazza Cavour, 21; ein hervorragendes Fritto misto wird in geschichtsträchtigen Räumen serviert, und von der Terrasse hat man einen grandiosen Blick über das südliche Monferrato; Restaurant Locanda Martelletti, Piazza Statuto 10, Tel. 0141/90 76 86: gut sortierter Weinkeller der Winzerfamilie Dezzani.
Unterkunft: Piovà Massaia: Restaurant/Pension Gallareto, Via Asti 9; Cocconato: Hotel Vecchio Castagno, Strada Maroero 1; kleines Bed & Breakfast in feudalem Landhaus.
Tourist-Info: Cocconato: Azienda Vitivinicola, Strada Monferrato 2, Tel. 0141/90 70 83.

Das Ziel unserer Wanderung ist der Ort → **Cocconato**, der vor allem bekannt ist, weil er auf einem extrem aufragenden Hügel erbaut wurde. Wir nähern uns jedoch dem Ort nicht von der steilsten Seite, sondern über sanft schwingende Bergkämme, die das Wandern zum wahren Vergnügen machen.

Der Wegverlauf

Das Auto parkt man vor der großen von Benedetto Alfieri aus Backsteinen erbauten **Pfarrkirche** in **Piovà Massaia**. Hier beginnt unsere Wanderung und führt zunächst links auf einem Weg um das Gotteshaus herum und anschließend weiter auf einer kleinen Straße in den alten Ortsteil mit Resten des **Ricettos**. Am Ende biegen wir links auf einen grasbewachsenen Feldweg ein, der steil den Hügel hinabführt. 150 m nach einer Unterführung unter der Autostraße wenden wir uns im freien Feld nach rechts und folgen der **gelben Quadratmarkierung**. Wir wandern neben einem gurgelnden Bach auf einem dick mit Gras überwachsenen Weg. Unterhalb des Weilers **Castelvero** erreichen wir an einem Friedhof wieder eine geteerte Straße. Wir biegen links ein, überqueren einen Bach, passieren ein **Votivbild** mit der Statue des hl. Josef und kreuzen erneut ein Bächlein. Am **Schrottplatz** wenden wir

2

uns nach links in den Feldweg, die **gelbe Markierung** ist an einem Stromkasten zu finden. Der nicht sehr schattige Weg führt weiter der Markierung nach über freie Felder. In der Höhe des **Segelflugplatzes** halten wir uns rechts und wandern den Hügel hinauf in den Ort **Carboneri** (2:30 Std.). Carboneri gehörte ursprünglich zu einer der angrenzenden Gemeinden von Piovà Massaia, in deren Ricetto die Bevölkerung Zuflucht suchen konnte. Im Ort treffen wir kurz vor der Dorfkirche auf die Hauptstraße, auf ihr wandern wir nach rechts und dann unmittelbar hinter der **Kirche** links in die Gasse und den Hügel hinunter.

Von hier öffnet sich ein schöner Blick auf das Tal des Versa mit dem von seiner Burg bekrönten → **Montiglio**. 0,5 km nach Carboneri folgen wir der Markierung nach links und kommen so über einen Hügel hinauf in den Ort **Remorfengo**. An der Kirche halten wir uns rechts und direkt nach dem letzten Haus des Ortes (rechts) nochmals in die gleiche Richtung. Der Weg führt steil den Hügel hinunter, an einem Bauernhaus vorbei, steigt dann etwas an und trifft schließlich auf eine asphaltierte Straße, die wir geradeaus überqueren. Das Schild **Reg. Cascinotto** zeigt uns, dass wir den richtigen Weg gewählt haben.

An einem Bauernhaus vorbei führt der ungeteerte Feldweg fast direkt auf Cocconato zu. Wir passieren einen **Bildstock** und wan-

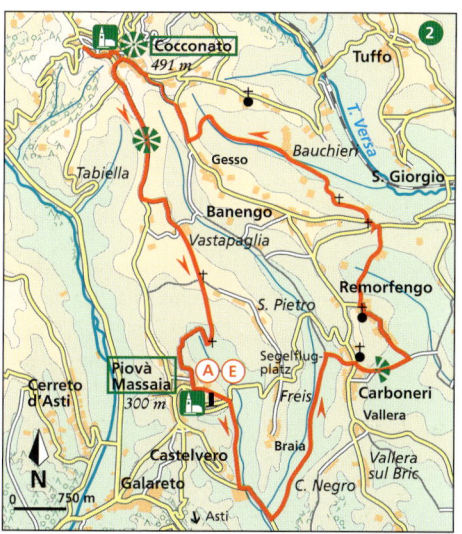

dern auf einsamen Wegen über die Felder. Kurz nach einer fast zugewachsenen **Ruine** biegen wir scharf rechts ab und beachten auf dem Weg ins Tal weiter die Markierung. Dort überqueren wir einen Bach und halten uns danach links. Der Weg führt unterhalb einiger Häuser des Ortsteils

Piovà Massaia

Der Fabrikverkauf der Modefirma Cobipel hat sogar am Sonntag geöffnet!

Bauchieri vorbei, an der Firma **Conbipel** (→ **Tipp**) entlang und steigt dann leicht an. Kurz vor Cocconato teilt sich der Feldweg. Wir gehen nicht zu der einsam gelegenen Kirche hinauf, sondern halten uns links und gelangen so wieder auf eine **Teerstraße,** die uns nach rechts in den Ort bringt. Unmittelbar vor dem Ortsschild biegen wir links auf die kleine **Einbahnstraße** ein, die steil aufwärts, aber verkehrsberuhigt ins Zentrum von Cocconato führt. Man sollte sich ab und zu umdrehen, um die Aussicht über das unter uns liegende Versa-Tal nicht zu verpassen. Oben im Ort haben wir uns an der **Piazza Cavour** in einem der vielen Restaurants und Cafés eine Erfrischung und ausgiebige Pause verdient, ehe wir zum Stadtrundgang schreiten, und dabei die Kirche von **Cocconato** am höchsten Punkt des Ortes besuchen.

Pfarrkirche Ss. Pietro e Giorgio von Piovà Massaia wurde im 17. Jh. von dem Barockarchitekten Benedetto Alfieri errichtet.

Tipp

Cocconato ist die Heimat zweier berühmter Weindynastien. Die Kellereien von **Bava** und **Dezzani** liegen etwas außerhalb des Ortskerns. Besonders die Brüder Bava haben sich in den letzten Jahren um den Wein des Piemont außerordentlich verdient gemacht. Über den »Cocconato Stravecchio« der 50er Jahre haben sie den »Stradivario« und vor allem den neuen »Arbest« entwickelt, einen Barberawein, der Langlebigkeit und intensiven Geschmack in sich vereint und der von Sommeliers der ganzen Welt nur mit überschäumendem Lob gepriesen wird. Sicher haben zu dem Ruhm dieser Weine auch die hervorragend geleiteten Seminare im herrschaftlichen Firmensitz der Casa Brina in der Via Piave beigetragen, in denen Kellermeister und Sterneköche gemeinsam die Geheimnisse ihres Kellers und ihrer Küche verraten. Die Kellerei der Familie Dezzani stellt neben den normalen Weinen besonders

ausgezeichnete Schaumweine her, die gar nichts mit den etwas verrufenen süßlichen und billigen Spumantesorten gemeinsam haben. Ihr Balluna Pinot Chardonnay ist ein spritziger, fruchtiger Schaumwein, der kühl getrunken, im Gaumen lange einen fruchtigen Geschmack hinterlässt, während der Balluna Moscanto Spumante, der aus der Muskateller-Traube hergestellt wird, den ihr typischen warmen, aromatischen Geschmack bietet.

Neben den Weinfirmen hat sich auch das Unternehmen Cobipel in dem Ort niedergelassen. Sie ist die größte italienische Firma für Pelz- und Ledermoden, die Filialen in ganz Italien besitzt. Nachdem das ganz eigene Design durchschlagend Erfolg hatte, wurden auch Textilien in die Kollektion aufgenommen. Am Hauptsitz hier in Cocconato finden regelmäßig bedeutende Modeschauen statt.

2

Wir verlassen Cocconato von der **Piazza Cavour** über die **Via V. Alfieri** und die **Piazza Giordana** abwärts. Dabei halten wir uns links, folgen dem Schild **Piovà Massaia** und passieren die Wegkapelle **San Sebastiano.** Wir marschieren auf einer geteerten Straße am Hügelkamm entlang; man hat eine weite Sicht nach allen Seiten.

Wer nicht mehr querfeldein auf Feldwegen wandern möchte, bleibt geradeaus auf der Straße und kommt direkt nach **Piovà Massaia** zurück. Alle anderen sollten sich nicht scheuen, nach der Abzweigung der **Strada Tani** auf der rechten Seite, links in den Feldweg einzubiegen. Über einen kurzen Wiesenweg erreichen wir **Vastapaglia**, wo sich alte Bauernhäusern um eine kleine Backsteinkirche gruppieren. Wir durchqueren den Ort auf der geteerten Straße und lassen uns weiter von den **gelben Quadraten** führen. Am Ende des Ortes biegen wir an der Ausfahrt, an der

Unter den Rathausarkaden in Cocconato

ein Spiegel angebracht ist, links ab und halten uns auf einem **Feldweg** hinter dem Haus geradeaus. Der Weg führt nochmals über einen Hügel. An einem **Bildstock** in einer Hausmauer biegen wir rechts ab und wandern weiter auf dem Feldweg, bis wir an einem einsam stehenden **Baum** der Markierung nach links hinunter ins Tal folgen können.

Unten halten wir uns an der Kreuzung rechts, dann geht es geradeaus wieder leicht aufwärts. Der Feldweg wird schließlich zu einem von Sträuchern bewachsenen **Hohlweg**, die letzten Meter führen steil nach **Piovà Massaia** hinauf und zum Ausgang zurück.

3

Am Sacro Monte del Serralunga Crea

Der Heilige Berg und seine Kapellen:
Serralunga di Crea   Karte: F1/2

 leicht

 3 km

1 Std.

ja

Tourencharakter: Rundwanderweg auf einen der fünf »heiligen Berge« Norditaliens.
Beste Jahreszeit: ganzjährig, kann im Winter vereist sein, das Wochenende sollte man wegen des großen Andranges meiden.
Ausgangsort: Santuario del Crea bei Serralunga di Crea, 18 km westlich von Casale Monferrato.
Endpunkt: Santuario del Crea bei Serralunga di Crea.
Wanderkarte: Keine.
Markierung: Der Kapellennummerierung nach.

Verkehrsanbindung: Bus: Keine regelmäßigen Verbindungen.
Einkehr: Serralunga di Crea: Restaurant Del Santuario di Crea, direkt an der Wallfahrtskirche, Restaurant Nuovo Amarotto, Viale Stazione 1.
Unterkunft: Serralunga di Crea: Agriturismo Tenuta Guazzaura, Via Guazzaura 3, Tel. 0142/94 02 89.
Tourist-Info: Direkt in der Kirche oder im Nahen Ponzano Monferrato: Parco Naturale del Sacro Monte di Crea, Cascina Valperone, Tel. 0141/92 71 20.

Die nahe Stadt → Casale Monferrato ist ein äußerst lohnenswerter Abstecher nach der Wanderung

Auf gut ausgeschilderten, verschlungenen Pfaden windet sich der Weg zu den 23 künstlerisch wertvoll ausgestatteten Kapellen des Kalvarienberges, die für uns manchmal etwas kitschig-verspielt wirken, weil wir uns in den barocken Zeitgeist nicht so leicht einfühlen können.

Der Wegverlauf

Von Casale Monferrato her kommend parkt man in **Serralunga di Crea** auf dem ersten **Parkplatz** nach dem roten Haus, der **Tenuta Azienda Vinicola**. Von dort wählen wir den Fußweg **Strada pedonale**. Hier beginnt der Weg mit der dritten Kapelle. Wenige Meter später stehen wir vor der Wallfahrtskirche **S. Maria Assunta**. Sie soll dort stehen, wo der hl. Bischof Eusebius im 4. Jh. eine Kapelle erbaut hatte. Einige romanische Kapitelle erinnern an die Vorgängerkirche aus dem 12. Jh., der heutige Bau stammt von 1478–83, wurde aber später immer wieder erweitert und ergänzt. Das eigentliche Ziel der Wallfahrt ist das Gnadenbild in der **Kapelle della Madonna** links neben dem Hochaltar, eine Figur der gekrönten Muttergottes mit dem Jesuskind. Sein einziger Schmuck ist ein barocker Umhang.

In der **Kapelle S. Margherita** gegenüber zeigen Fresken des 15. Jh. das Leben und Martyrium der hl. Margarete, sie werden Macrino d'Alba zugeschrieben. Im angrenzenden **Museum** kann man sich

3

Special

Sacro Monte bedeutet übersetzt nichts anderes als der Heilige Berg. Der 443 m hohe Hügel bei Serralunga di Crea galt bereits seit dem Jahre 350 als wundertätig, denn damals flüchtete sich der hl. Bischof Eusebius aus Vercelli hierher und errichtete ein Kirchlein zu Ehren der Muttergottes. Im Zuge der **Gegenreformation** begann man Ende des 16. Jhs. an bereits existierenden Andachtsorten aufwändige Kalvarienberge zu bauen. Liebevoll wurden sie von namhaften Künstlern gestaltet und ausgeschmückt, man wollte so den Gläubigen die Heilsgeschichte glaubhaft, verständlich und mitreißend erzählen. 200 Jahre dauerten die Bauarbeiten auf dem Berg, dabei ist so manche Kapelle so groß wie eine Dorfkirche geworden.

über die Wallfahrtsgeschichte informieren. Gegenüber der Kirche beginnt der Andachtsweg, wir folgen einfach den Kapellennummern bis zum Gipfel. Ursprünglich waren bis zu 40 Kapellen geplant.

Geldmangel ließ das Projekt schrumpfen, so dass **23 Kapellen und 5 Einsiedeleien** übrig blieben. Die Statuten aus Terracotta und Gips sowie die Bilder wurden von bedeutenden italienischen Künstlern wie Jean de Wespin, genannt »i Tabacchetti«, Guglielmo Caccia, genannt »il Moncalvo«, Leonardo Bistolfi, Antonio Brilla oder Fiamminghino geschaffen. Die **Kapellen** zeigen zuerst Bilder aus dem Marienleben, dann Christi Leiden und Tod, seine Auferstehung und Himmelfahrt, die Herabkunft des hl. Geistes und die Himmelfahrt und Krönung Mariens. Die letzte Kapelle gleicht einem Tempel, sie bildet den Höhepunkt des Kapellenweges.

Von der Decke hängen fast 200 jubilierende Engel mitten in einem Kreis von 300 Heiligen, die Maria huldigen. Von hier wählen wir die kurze **Via del Ritorno** als Rückweg bis zum Kirchplatz.

4 Von Montechiaro d'Asti nach Cortanze

Romanische Kirchen und Gastlichkeit im Schloss: Montechiaro d'Asti
– S. Nazzario e Celso – Cortanze – Montechiaro d'Asti   Karten: E2

leicht

9 km

2½ Std.

ja

Tourencharakter: Rundweg auf meist ungeteerten Straßen zur Kirche S. Nazzario und zum Schloss Cortanze.
Beste Jahreszeit: Frühjahr und Herbst, im Sommer wenig Schatten.
Ausgangsort: Montechiaro d'Asti, 20 km nördlich von Asti.
Endpunkt: Montechiaro d'Asti.
Wanderkarte: Istituto Geografico Centrale/Torini Nr. 20.
Markierung: Keine.
Verkehrsanbindung: Bahn: von Asti 7 x täglich nach Montechiaro, der Bahnhof liegt außerhalb. Bus: keine.

Einkehr: Montechiaro: Trattoria Tre Colli, Piazza Mercato 5: ortstypische Gerichte im hübschen Garten oder auf der Veranda; Trattoria Al Vecchio Gusicio, Via Gerardi 18: einfache, aber sehr gute Küche; Cortanze: Pizzeria La Pineta, Via S. Rocco.
Unterkunft: Montechiaro d'Asti: Bed & Breakfast Il Ghiro, Via Mairano 47, Tel. 0141/99 97 31; Hotel/Rest. Castello di Cortanze, Via Marchesi Roero 1, Tel. 0141/690917: mittelalterlich.
Tourist-Info: Keine.

Über einsame Feldwege wandert man zur schönen Kirche S. Nazzario, die zusammen mit → **Montiglio**, → **Cortazzone** zum goldenen Dreieck der romanischen Sakralbaukunst des Piemont gehört. Über einen Höhenkamm mit bester Aussicht geht es dann über Cortanze nach Montechiaro zurück.

Der Wegverlauf

Romanische Kirche S. Nazario e Celso

In **Montechiaro** parken wir auf der **Piazza Mercato** und verlassen den Ort durch die **Via Mairano** Richtung **Montiglio**. Bei der Kapelle **S. Vittorio** halten wir uns links und biegen nach dem **Friedhof** erneut links in einen Feldweg. Zur Kirche **S. Nazario e**

Celso führt rechts eine ca. 200 m lange, ausgeschilderte Stichstraße. Nach der Besichtigung kehren wir zu einem Feldweg und folgen ihm bergab. Bei Abzweigungen bleibt man auf dem Hauptweg.

Rechts von uns liegt das Versatal, vor uns auf dem Hügel Colcavagno. Nach ca. 1 km teilt sich der Weg in zwei gleich große Straßen, wir halten uns links, vergessen jedoch nicht, auf die Kirche S. Nazario e Celso zurückzublicken. Von hier ergibt sich das beste Bild.

Immer weiter auf dem Hauptweg erreichen wir an einem **Backsteinbildstock** einen größeren Weg, biegen links ein und wandern parallel zur **Eisenbahnlinie** Turin – Asti. Etwa 700 m nach dem Bildstock nehmen wir die zweite Abzweigung rechts, gehen durch die **Bahnunterführung** und anschließend wieder links dem Schild **Quaglioromo** nach. Quaglia bedeutet Wachtel und mit etwas Glück – denn normalerweise landen sie schnell im Kochtopf – können wir einige davon sehen. Nach einem auffälligen eingezäunten Häuschen, einem **Ciabot**, biegen wir am **Tempo-30**-Schild links ab. Vor uns liegt schon **Cortanze**. An einem Bauernhaus treffen wir auf eine asphaltierte Straße, wenn sie sich teilt, halten wir uns rechts; an einer Kapelle erreichen wir eine Vorfahrtsstraße.

Hier wandern wir nach links verkehrt in die Einbahnstraße **Via Roma** zur **Piazza Vittorio Veneto** unterhalb des **Castello di Cortanze**. Auf der Via **Marchesi Roero di Cortanze** entlang der Schlossmauer passieren wir die **Trattoria Antichi Sapori**, biegen am Sackgassenschild ganz links in die **Strada Cascinetta e Roero** ein und halten uns kurz danach rechts.

Nun wandern wir auf der nur teilweise geteerten Provinzstraße über einem Hügelkamm zurück nach **Montechiaro**. Links sehen wir die romanische Friedhofskapelle **S. Maria Assunta** auf dem benachbarten Hügel, dann teilt sich der Weg noch einmal, wir halten uns geradeaus, bis wir direkt in den Ortskern von **Montechiaro** zurückkommen.

Eine Spezialität in Montechiaro ist das zarte Schokoladengebäck »I Canestrin«, das man in der Bäckerei Pannetteria »Panzini«, Via Roma 22, mit Zabaione verspeist.

Special

Der Platz vor der wuchtigen Befestigungsmauer → **Montechiaro** wird häufig als Spielfeld für das Ballspiel **Tamburello** genutzt. Das ist eine Sportart, bei der zwei Mannschaften zu je zwei Personen einen Ball auf einer kleinen Trommel im Spiel schlagen. Dabei entsteht ein eigenartiger, rhythmischer Trommelklang, der in Montechiaro, verstärkt durch die dicken Mauern und durch den Widerhall, einen besonderen Reiz mit sich bringt.

5 Um Portacomaro

Bachus und Lukull, eine ideale Kombination: Portacomaro –
Castello del Poggio – Portacomaro

Karten: E2/3

 leicht

 8 km

 2½ Std.

 ja

Tourencharakter: Rundwanderweg auf kleinen Nebenstraßen.
Beste Jahreszeit: Zur Weinlaubfärbung und Trüffelsaison im Herbst, kein Schatten.
Ausgangsort: Portacomaro, 10 km nördlich von Asti.
Endpunkt: Portacomaro.
Wanderkarte: Istituto Geografico Centrale/Torino Nr. 20.
Markierung: Keine.
Verkehrsanbindung: Bahn: wochentags alle 2 Stunden, Wochenende alle

4 Stunden von Asti, Bahnhof liegt ein gutes Stück außerhalb, Bus: nur 3 x samstags.
Einkehr: Unterwegs keine. Portacomaro: Restaurant Bottega del Grignolino, Piazza Marconi 16 – nicht lange zögern, einfach reingehen, probieren und schwelgen ist ein wahrer Geheimtipp.
Unterkunft: Siehe Asti.
Tourist-Info: Portacomaro: Bottega del Grignolino, Piazza Marconi 16, Tel. 0141/20 26 66.

Am Wochenende erhält man im Restaurant den Schlüssel für die romanische Kirche S. Pietro, Mo.–Fr. wendet man sich deswegen ans Rathaus.

Wir wandern durch das Anbaugebiet des seltenen Weins Grignolinos und können uns am Ende der Tour auf höchste Gaumengenüsse in unverfälschter, gemütlicher Atmosphäre freuen.

Der Wegverlauf

An der Schlossmauer auf der **Piazza Marconi** im Zentrum von

Portacomaro stellen wir das Auto ab und verlassen den Ort auf der **Via Attilio Dogiani** Richtung Westen. Nach 300 m passieren wir das Kirchlein **S. Pietro**. Zur Millenniums-Feier wurde es frisch restauriert, seine Fresken aus dem 14. Jh. zeigen neben der Kreuzigung Christi verschiedene Heilige wie Petrus, Sebastian und Antonius den Einsiedler. 500 m nach der Kirche biegen wir links in die **Via Mongaribatto Bodina** ein. Kurz danach teilt sich an der **Kapelle Fantina** die Straße. Wir bleiben rechts in der **Via Mongaribatto**, sie führt bergab

und trifft nach ca. 1 km auf eine große Vorfahrtsstraße, die wir geradeaus
zum großen **Weingut Castello del
Poggio** überqueren. Nach dem Gut
laufen wir durch eine Absperrung
leicht bergauf in eine Allee. 100 m
vor dem nächsten Haus biegen wir
rechts in den Feldweg ein und wandern auf einem Hügelkamm. Rechts
und links wächst Wein, so weit das
Auge reicht. Nach ca. 800 m kommen wir zur **Ruine Castello del Poggio**. Die einstmals mit vier Türmen
befestigte Burg war Residenz des Bischofs von Asti und diente in den
Kriegen zwischen Asti und den
Markgrafen des Monferrato als Vor-

Frühling in den Weinbergen des Grignolino

posten und Kontrollstation. Wir biegen rechts vom Feldweg ab,
wandern um die Ruine herum und wählen dann in der Höhe des
auffälligen Baumes rechts den breitesten Feldweg zwischen den
Weinstöcken abwärts. Am Ende des Weinberges und damit auch
am Ende des Weges halten wir uns rechts, gehen am freien Feld
entlang und laufen dann links auf den einsamen Weidenbaum
und das **Schrebergartenhäuschen** zu. Dieses passieren wir links
und stoßen auf eine Teerstraße, auf der wir nach rechts zu einer
größeren Straße weitergehen, an der wir uns erneut nach rechts
halten. Ca. 900 m nach dem Häuschen wenden wir uns nach
links in die **Via S. Pietro** und erreichen bergauf eine Vorfahrtsstraße, auf der wir rechts am Hügelkamm entlang nach **Portacomaro**
zurückkehren.

Tipp

Portacomaro ist das Reich des Grignolinos,
der eine ausgesprochene Seltenheit unter den
Rotweinen des Piemont ist. Dieser zarte, tro-
ckene und ganz leicht bittere Tropfen überrascht im ersten Moment durch seinen eigen-
artigen, vom Tannin her rührenden Geschmack. Er passt aber hervorragend zu Bagna Cauda oder zu der deftigen Küche des
bäuerlichen Piemont. Hier in Portacomaro
reifen auch Trauben für einen oft ausgezeich-
neten Chardonnay des Weingutes Castello del
Poggio.

Wer nach der Wanderung im Restaurant Bode-
ga del Grignolino einkehrt, das gar nicht so
spektakulär aussieht, erlebt ein Wunder, wie es
nur im Piemont möglich ist. Bodenständig, va-
riantenreich und mit viel Liebe kochen Bruno
und Marisa Scalon leckerste Frittadine di zuc-
chini e amaretti, Agnolloti, Coniglio ripieno
und eine Torta di zucca e mele, dazu lernt man
den Grignolino und die anderen Weine der Region durch absolut fachmännische Beratung
kennen. Dass die Preise dabei moderat sind, ist
am Ende auch nicht zu verachten.

6

Von Vignale M. bis Altavilla Monferrato

Bachus, Barbera und überdies Ballett: Vignale Monferrato –
Altavilla Monferrato – Cittadella – Vignale Monferrato   Karte: F2

 leicht

 8 km

2¹/₂ Std.

ja

Tourencharakter: Rundweg auf kleinen Nebenstraßen rund um das für seine Ballettveranstaltungen bekannte Vignale Monferrato.
Beste Jahreszeit: Ganzjährig, am schönsten zur Weinlaubfärbung im Herbst oder zum Ballettfestival Vignale Danza im Juli.
Ausgangsort: Vignale Monferrato, 24 km nord-westlich von Alessandria.
Endpunkt: Vignale Monferrato.
Wanderkarte: Istituto Geografico Centrale/Torino Nr. 20.
Markierung: Keine.
Verkehrsanbindung: Bus: 3 x täglich von Asti über Altavilla nach Vignale.
Einkehr: Vignale Monferrato: Restaurant Osteria della Luna, Piazza Italia 3; Res-

taurant Universo, Via Bergamaschino 19;
Agriturismo La Pomera, Fr. S. Lorenzo, Tel. 0142/93 33 78 wurde vom Gremium der Slow-Food-Bewegung als Kultort der piemontesischen Küche eingestuft. Es werden vorwiegend Produkte aus dem Bauerngarten und dem Hühnerstall verwendet; es gibt auch Zimmervermietung.
Altavilla Monferrato: Restaurant Mister Barbera II., Via Cavour 4.
Unterkunft: Vignale Monferrato: Agriturismo Il Mongetto, Via Piave 2, Tel. 0142/93 34 22; Agriturismo Cascina Alberta, Cascina Prato 14, Tel. 0142/93 33 13.
Tourist-Info: Vignale Monferrato: Enoteca del Monferrato, Palazzo Callori, Piazza del Popolo 7, Tel. 0142/92 32 43.

→ **Vignale** ist ein wichtiges Zentrum für den Weinanbau der Provinz Alessandria. Die Wanderung führt aus dem Ortskern durch eine vom Wein geprägte Landschaft zum Nachbardorf Altavilla.

Der Wegverlauf

Vignale Monferrato

In **Vignale** parken wir auf der **Piazza del Popolo** vor der **Enoteca del Monferrato** und wandern rechts an ihr vorbei die Gasse hinunter. Unterhalb einiger Stufen halten wir uns links, passieren die **Backsteinkirche**, überqueren die **Piazza Italia** geradeaus und halten uns danach weiter links bergab. Auf der großen Zufahrtsstraße zum Ort wandern wir rechts stadtauswärts. Die Kreuzung mit der Provinzstraße überqueren wir geradeaus und

laufen für ca. 1 km auf der Teerstraße Richtung **Casorzo**. Beim Schild **Cascina Prato Chioso** biegen wir links in den Feldweg ein und halten uns am Hof geradeaus auf dem Weg nach unten. Im Tal wandern wir ein Stück neben einem kleinen Bach.

Nach einem starken **Rechtsknick** biegen wir links, ehe der Weg ansteigt, in den Feldweg unterhalb des ersten Weinfeldes ein. Auf ihm wandern wir bergauf und treffen oben am Hügelkamm auf eine asphaltierte Straße, auf der wir nach links **Altavilla** erreichen. Linker Hand der Kirche folgen wir dem Schild **Alessandria** und wandern auf dem Hügelkamm an der **Destillerie Mazzetti** vorbei.

In Altavilla destilliert die Firma Mazzetti seit über 150 Jahren in der Antica Distilleria d'Altavilla hervorragende Grappasorten.

Die Straße ist von auffälligen **Weiden** gesäumt, nach der letzten geht es links in den Feldweg. Dieser wird nach ein paar Häusern zu einem Wiesenweg, er trifft abwärts bei einer Spitzkehre auf eine Teerstraße. Links führt ein ungeteerter Weg weiter ins Tal. Auf ihm erreichen wir nach ein paar Bauernhäusern eine geteerte Vorfahrtsstraße bei **Cittadella,** einem Ortsteil von **Altavilla**. Wir biegen etwa 10 m etwas versetzt rechts in den Weg am einzigen Haus auf der linken Seite und überqueren die Provinzstraße Alessandria – Casale Monferrato geradeaus (Schild **Ca'Merli**).

Auf dem ungeteerten Weg wandern wir bergauf und halten uns nach den ersten Häusern geradeaus – die Altstadt von Vignale vor Augen. Die letzten Meter in den Ort sind sehr steil. Oben am **Casa S. Carlo**, einer Weinhandlung biegen wir links in die **Via Rossi**, die uns zur **Piazza Mazzarda** bringt. In der **Bar della Pesa**, einem bekannten Jazz-Lokal können wir noch einen Latte macchiato trinken. Links der Bar kommen wir auf der Hauptstraße zum Auto, das an der **Piazza del Popolo** geparkt ist.

Altavilla lebt vor allem von seinen Weinbauern, die ihre Höfe hinter dicken Backsteinmauern verstecken. Die Pfarrkirche S. Giulio, eine Mischung aus Renaissance und Barock, passt sich mit ihrer Fassade gut den umliegenden Häusern an. Von der einstigen mittelalterlichen Befestigung ist nur der Ruinenrest eines Turmes geblieben.

7 Von Montemagno nach Castagnole

Ricetto und Ciabot: Montemagno – Madonna di Vallino – Castagnole Monferrato – Fontana Solforosa – Montemagno   Karten: F2

○	leicht
🚶 **km**	14,5 km
🕐	3½ Std.
☺	ja

Tourencharakter: Rundtour meist auf ungeteerten Wegen zwischen zwei historischen Dörfern des Monferratos zu schönen Aussichtspunkten.
Beste Jahreszeit: Ganzjährig, am besten im Frühjahr zur Blüte oder im Herbst zur Laubfärbung.
Ausgangsort: Montemagno, 20 km nördlich von Asti.
Endpunkt: Montemagno.
Wanderkarte: Istituto Geografico Centrale/Torino Nr. 20.
Markierung: Weiße Raute.
Verkehrsanbindung: Bus: 3 x täglich von Asti über Castagnole Monferrato nach Montemagno.

Einkehr: Montemagno: Restaurant La Braja, Via San G. Bosco 11, das vornehmste Lokal am Ort in einer ehemaligen Landarztvilla mit angeschlossener Weinhandlung. Pizzeria Al Grosso Tornese, Piazza Umberto I. 16. Castagnole Monferrato: Restaurant da Geppe, Via Umberto I. 18; Restaurant Il Ruche, Via XX. Settembre 17.
Unterkunft: Castagnole Monferrato: Agriturismo Tenute di Re, Reg. Cascina Nuova 1, Tel. 0141/29 21 47.
Tourist-Info: Montemagno: Rathaus/Municipio, Vicolo 1, Tel. 0141/6 31 29.

Im Schatten der mächtigen Burgen von → **Asti** und → **Alba** konnten sich viele Dörfer behaupten, die oft selbst von Burgen überragt waren. Diese entstanden oft aus einer Art Fliehburg, einem **Ricetto**, → **Montemagno** und Castagnole Monferrato sind dafür typische Beispiele.

Der Wegverlauf

In Montemagno parken wir auf der **Piazza Umberto I**. unter der Schlossmauer und begeben uns nach links in die **Via Roma** und dann abwärts in die **Via Lasagna**. In einer kleinen Rechtskurve verlassen wir sie und laufen jetzt auf einem gekiesten Weg nach unten.

Über die Felder gehen wir auf die frisch renovierte Kirche **Madonna del Vallino** zu, die auch **Maria Nascente** genannt wird. Ca. 150 m vor ihr biegen wir rechts in einen mit Gras über-

7

wachsenen Weg und wandern teilweise unter Bäumen am Fuß des Hügels entlang. Vor uns taucht **Castagnole Monferrato** auf. Der Weg knickt einige Male ab, wir halten uns an die **weißen Rauten** und erreichen eine **Teerstraße**. Ihr folgen wir für knapp 100 m nach rechts und biegen dann wieder rechts **(Raute)** in die Weinberge ab. Ein steiler Anstieg steht bevor.

Einmal queren wir die eben verlassene Straße und steigen dann rechts die Treppenstufen hinauf. Hinter der Kirche **S. Martino** erreichen wir den Ortskern von **Castagnole Monferrato (1:45 Std.)**. Ihn verlassen wir auf der **Via Umberto I.** und folgen den Schildern nach **Calliano** und **Scurzolegno** in die **Via Vittorio Emanuele**. Bald wandern wir auf einer kleinen Teerstraße entlang eines Hügelkammes und können auf Montemagno, Grana und Scurzolegno schauen. Wir passieren einen **kleinen Bildstock** und finden ca. 1 km nach dem Ortsschild an der rechten Straßenseite einen **abgedeckten Brunnen**. Hier biegen wir rechts ein und wandern den Weinberg hinunter. Zuerst ist der Weg breiter, aber ab einem alten Geräteschuppen, dem **Ciabot**, der zwischen ein paar Obstbäumen steht, ist er schlechter erkennbar. Er führt vom Ciabot zuerst nach links und dann gleich wieder rechts bergab. Wir kommen an etwas Gestrüpp vorbei und stoßen bald auf einen größeren ungeteerten Feldweg.

Auf diesem wandern wir nach links, biegen aber schon nach etwa 200 m rechts in den nächsten Feldweg ein. Wir überqueren einen kleinen **Bach** und halten uns an der Weggabel rechts. An der **Fontana Solfero**, einer schwefelhaltigen Quelle, gehen wir vorbei, der grasbewachsene Weg führt nun fast parallel zur Autostraße. An der nächsten größeren Feldwegkreuzung wenden wir uns links und bleiben damit auf dem Hauptweg. Es folgt noch eine Wegkreuzung, diesmal biegen wir etwas nach rechts und wandern mit schönem Blick auf Montemagno leicht bergauf. Der Weg mündet in eine Teerstraße, die uns links, am **Roosters Pub** und dem Restaurant **La Braja** vorbei, ins Zentrum von **Montemagno** zurückbringt.

Es gibt hier viele Quellen mit schwefelhaltigem Heilwasser. Die meisten sind abgesperrt, weil die Gefahr der bakteriellen Verseuchung zu groß ist.

Ruine S. Vittorio in Montemagno

8 Stadtspaziergang in Asti

Das Herzstück des Monferrato:
Rundweg in Asti

Karte: E3

 leicht

 4,5 km

 1½ Std.

 ja

Tourencharakter: Stadtrundgang in der »Stadt der hundert Türme« zu den wichtigsten Sehenswürdigkeiten.

Beste Jahreszeit: Ganzjährig möglich.

Ausgangsort: Piazza Alfieri im Stadtzentrum.

Endpunkt: Piazza Alfieri.

Wanderkarte: Stadtplan.

Markierung: Keine.

Verkehrsanbindung: Bahn: von Turin bis 14.30 Uhr alle 30 Minuten, ab 14.30 Uhr bis zum Abend stündlich, Busverbindungen von allen wichtigen Orten der Umgebung.

Einkehr: Restaurant Barolo & Co, Via Battisti 14, Tel. 0141/59 20 59, gemütliches Lokal mit hervorragender heimischer Küche hausgemachten Nudeln und gut sortiertem Weinkeller; Sternerestaurant Gener Neuv, Lungotanaro Pescatori 4, Tel. 0141/55 72 70, Piero Fassi und seine Familie betreiben das elegante und doch urgemütliche Lokal seit 1971, unbedingt reservieren; Restaurant/Vineria Sante, Via Vassallo 2, Tel. 0141/35 59 00: erlesene Weine im malerische Gewölbe; Restaurant Also, Via Giobert 8, Tel. 0141/35 49 05, in einem alten Stadtpalast; Osteria Tacabanda, Via al Teatro 5, Tel. 0141/53 09 99: stark besuchtes Einheimischen-Lokal.

Unterkunft: Hotel Lis, Via Fratelli Rosselli 10; Tel. 0141/59 50 51, modernes Stadthotel direkt im Zentrum; Hotel Reale, Piazza Alfieri 6, Tel. 0141/53 02 40, Hotel Antica Dogana, Via Dogana 5, Tel. 0141/29 37 55, Hotel Salera, Via Mons. Marello 19, Tel. 0141/41 01 69, modernes Stadthotel etwas außerhalb des Zentrums mit ausgezeichneter Küche; B & B Cascina Amerio, Loc. Valterza 66, Tel. 0141/27 27 76, ca. 2 km vom Zentrum im Grünen.

Tourist-Info: A.T.L. AstiTurismo, Piazza Alfieri, 34 Tel. 0141/53 03 57.

Auf der Piazza S. Secondo finden jeden Abend während der Paliowoche Veranstaltungen wie z. B. der Fahnenschwingerwettbewerb statt.

Der Name → **Asti** ist in ganz Europa ein Synonym für den süßen Schaumwein, der seinen Siegeszug durch die ganze Welt in den 60er Jahren angetreten hat. Dass sich hinter diesem Begriff eine quirlige, moderne, aber auch außerordentlich geschichtsträchtige Stadt verbirgt, ist viel zu wenig gegenwärtig.

Der Wegverlauf

Ausgangspunkt der Stadtwanderung in **Asti** ist die dreieckige **Piazza Alfieri** ① mit dem Standbild des Dichters Vittorio Alfieri, der 1749 in Asti geboren wurde. Hier können wir auch das Auto parken. Auf diesem Platz findet alljährlich im Herbst das große Pferderennen, der Palio d'Asti, statt. In dieser Zeit ist natürlich das gesamte Areal für Fahrzeuge gesperrt.

Unser Rundgang beginnt am Südrand der Piazza. Rechts neben dem modernen Bau der Prefettura führt die **Via F. G. Gardini** ab. Sie geht in die **Via Garibaldi** über und mündet nach wenigen

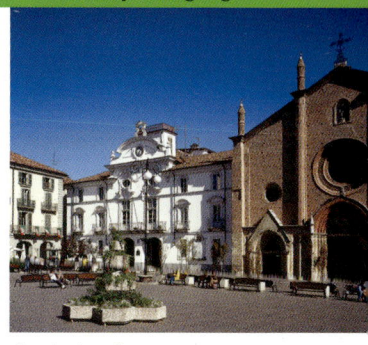

Schritten an der **Piazza San Secondo** ②, dem alten Marktplatz und dem eigentlichen Herzen der Stadt.

An der Ostseite dominiert – neben dem weißen Gebäude des Rathauses – die Backsteinfassade der Kirche **S. Secondo** mit ihren drei gotischen Portalen. Sie wurde ab dem 13. Jh. auf den Grundmauern eines frühromanischen Vorgängerbaus errichtet.

Im Gegensatz zur etwas abseits gelegenen Kathedrale, deren Bau 100 Jahre später begann und dem Bischof unterstand, war S. Secondo eine Kirche der Stadtadeligen und Kaufleute. Im 14. Jh. wurde sie im gotischen Stil umgebaut und vergrößert. Neben dem ältesten Teil der Kirche, der Hallenkrypta mit den Reliquien des hl. Secondo und den zahlreichen gotischen Freskenresten, ist vor allem das um 1500 von Gandolfino d'Asti gemalte ehemaligen Altarbild sehenswert, das heute an der nördlichen Seitenwand hängt. Durch die Öffnung zwischen den Gebäuden, der **Via P. Gobetti**, kommen wir direkt an die Hauptstraße des Ortes, den **Corso Alfieri**.

Piazza S. Secondo mit dem Rathaus in Asti

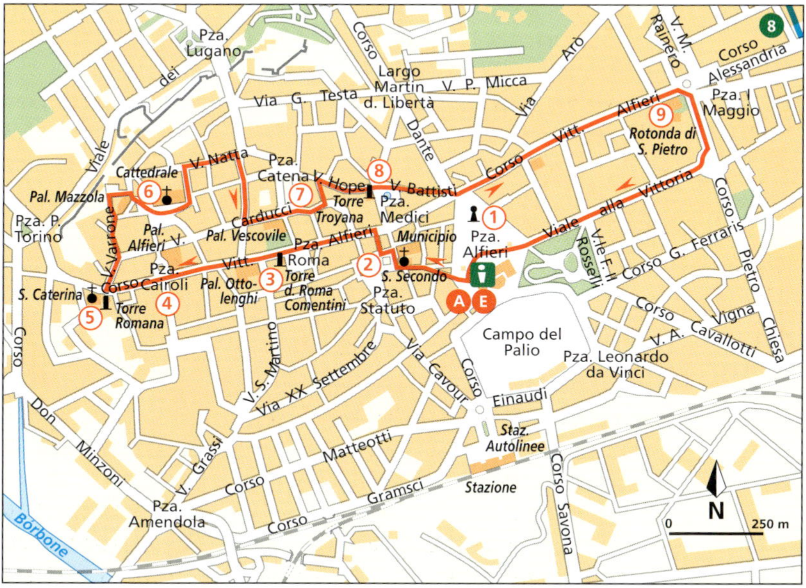

8

Ein Blick in die Innenhöfe an der Westseite der Piazza Alfieri lohnt sich. Die Gelateria vor dem frisch renovierten Teatro Alfieri ist besonders abends ein beliebter Treffpunkt.

An der Ecke im **Café Ligure**, einem beliebten Treffpunkt der Astigiani, wie die Einwohner von Asti genannt werden, lässt sich gut eine Erfrischung einnehmen, bevor wir auf dem Corso nach links weitergehen. Wir befinden uns jetzt in der Fußgängerzone und Einkaufsmeile der Stadt. An ihrem Ende treffen wir auf die **Piazza Roma** mit dem Obelisken, der vom einrucksvollen **Torre dei Comentini** ③ überragt wird. Im gelben Haus daneben ist die Hauptverwaltung des Verbundes der Asti-Spumante-Schaumweinkellereien untergebracht. Weiter auf dem Corso Alfieri passieren wir die **Piazza Cairoli**. An deren rechter Seite liegt der **Palazzo Alfieri** ④. Er wurde in der zweiten Hälfte des 18. Jhs. vom Architekten Benedetto Alfieri in die heutige Form gebracht.

Benedetto Alfiere ist der Vater des Dichters und Tragikers Vittorio Alfieri, der am 16. Januar 1749 in diesem schönen Haus das Licht der Welt erblickte**.** Heute ist der Palast Sitz des Museum Alfierano. Ein Stück weiter auf dem Corso steht der **Torre Rossa**, ein Rest der alten westlichen Stadtbefestigung, und die Barockkirche **S. Catherina** ⑤ mit ihrer elliptischen Kuppel. In der Höhe des Turmes biegen wir rechts in die **Via di Varroni** ein. Jetzt sind wir in einem ruhigen Stadtviertel mit schönen alten Häuserfronten. Es gehörte früher zum Recinto di Nobili, dem Viertel der reichen Adels- und Handelsleute. Verschiedene Häuser, wie die **Casa di Pelletta/Pilato** (Nr. 54), zeugen von der Macht und dem Reichtum der Bürger des 13./14. Jhs. An diesem Haus biegen wir rechts

Straßencafé in der Altstadt

in die Einbahnstraße. Gleich links befindet sich hinter einer Backsteinfassade das historische Stadtarchiv im Renaissance-**Palazzo Mazzola**. Die Straße mündet genau vor der Süd-West-front der Kathedrale **Ss. Maria Assunta e Gottardo** ⑥. Wie viele Kirchen befindet sich der Bischofsbau auf Resten einer zu klein gewordenen Vorgängerkirche. In den Jahren 1309–1354 wurde sie erbaut, der Turm stammt von 1266. Am prunkvollsten ist das Portal an der Südwand. Über dem Eingang, verziert mit Wein-laubfriesen, thront eine Muttergottes. Im Inneren dominiert vor allem der Freskenschmuck von 1765. Auch hier wiederholt sich das Motiv des Weines; Rebstöcke ranken sich in einer gemalten Scheinarchitektur um die Säulen bis zum Gewölbe hinauf.

In den Seitenkapelle finden sich Gemälde des Renaissancema-lers Gandolfino d'Asti. Wir gehen an der Südfront der Kirche vor-bei links in die **Via S. Giovanni**, bis zu deren Ende und am **Torre dei Natta** aus dem 13. Jh. rechts in die **Via Natta**. Beachtenswert ist auf der rechten Seite der **Palazzo Asinari** mit seinem Terracott-afries und den Renaissancefensterbögen. Hier biegen wir dann erneut rechts in die **Via Giobert**. Diese wandern wir weiter gera-deaus, vorbei an schönen alten Backsteinhäusern wie der **Casa dei Rovere** bis zur **Via Carducci**. Hier geht es links bis zur **Piazza Catena** ⑦. Vor dem großen Platz steht der erzbischöfliche **Palaz-zo Vesovado** und eine kleine Säule mit Kreuz von 1583. Hier wurden Jahrhunderte lang am Ende der Karfreitagsprozession die Stricke der freigelassenen Gefangenen verbrannt.

Wir passieren die Piazza Catena geradeaus und gehen weiter auf der Via Carducci, dann halten wir uns links in die **Via Renato Martorelli**. Die nächste Straße rechts bringt uns zum freistehen-den **Torre Troyana** ⑧ an der **Piazza Medici**. Nun lässt sich auch erahnen, warum Asti Stadt der hundert Türme genannt wird. Wir überqueren die Piazza geradeaus in die **Via Battisti,** an deren En-de treffen wir wieder auf die **Piazza Alfieri**.

Von dort lohnt sich noch ein Gang auf dem **Corso Alfieri** nach Osten bis zur großen **Piazza 1. Maggio**. Gleich auf deren rechter Seite liegt die aufgelassene Kirche **S. Pietro** ⑨ mit dem schönen Baptisterium. In dem achteckigen mittelalterlichen Bau finden heute Ausstellungen statt. Nach S. Pietro biegen wir rechts in den **Corso Vittoria** und wandern dann auf der nächsten Straße erneut nach rechts, am Stadtpark entlang zurück auf die Piazza Alfieri.

S. Pietro war ursprünglich ein Hospital der Johanniter, in dem er-krankte Pilger gepflegt wur-den, die nach Rom oder Jerusalem unterwegs waren.

9 Von Canale nach Cisterna d'Asti

Inmitten des Roero:
Canale – Cisterna d'Asti – Canale   Karte: D4

mittel

9 km

3 Std.

ja

Tourencharakter: Rundwanderweg auf Feldwegen und Nebenstraßen, mit ein paar steilen An- und Abstiegen.
Beste Jahreszeit: Ganzjährig, jedoch wenig Schatten.
Ausgangsort: Canale, 13 km nördlich von Alba.
Endpunkt: Canale.
Wanderkarte: Istituto Geografico Centrale Torino: Nr. 19.
Markierung: Zum Teil Markierung C2.
Verkehrsanbindung: Bus: von Asti nach Canale 3 x täglich; von Alba nach Canale Linie Torino wochentags 10 x, Wochenende 5 x.
Einkehr: Cisterna d'Asti: Restaurant La Ca Rossa, Piazza Rino Rossino 1: gute Küche zu moderaten Preisen, Panoramaterrasse; Restaurant/Hotel Garibaldi, Via Italia 3, Tel. 0141/97 91 18; Canale: Restaurant All'Enoteca, Via Roma 57.
Unterkunft: Canale: Hotel/Restaurant Leon d'Oro Secolare. Via Roma 12 Tel. 0173/97 92 96, Familienbetrieb unter den charakteristischen Bogengängen des Dorfes. Cisterna d'Asti: Bed & Breakfast Le Betulle, Via Mattutina 1, charmantes kleines Haus, Agriturismo: La Pergola, Via Fondo 26, Tel. 0141/97 92 46.
Tourist-Info: Canale: Enoteca Regionale del Roero, Via Roma, 57, Tel. 0173/97 82 28.

Die hügelige Landschaft des Roero bietet dem Wanderer weite Ausblicke in das Umland. Cisterna liegt einem Adlerhorst gleich auf einer Hügelkuppe, Canale dagegen flach in der Ebene, es bietet neben dem Schloss und drei barocken Kirchen vor allem die mit Arneis- und Roerowein bestückte Enoteca.

Der Wegverlauf

Cisterna d'Asti

Unsere Wanderung beginnt an der **Piazza S. Bernardino** im Zentrum von **Canale**, wo wir auch das Auto parken können. Wir wählen die Straße links der Kirche und folgen der Rechtskurve.

Wir biegen links gegenüber dem Backsteinturm in die Straße, die zu Kirche und **Kloster Adoratici Perptua** führt. Vor den Stufen folgen wir dem Wegweiser **C2**, passieren die Kapelle **Gran Madre** und wandern dem Schild **C2** nach um einen Hügel herum. Links von uns liegt die Kirche **Madonna di Loreto.** Beim Bildstock **S. Giorgio** treffen wir auf eine Vorfahrtsstraße, wir folgen ihr für 100 m nach rechts und gleich wieder nach links. Kurz danach gabelt sich die Teerstraße. Jetzt folgen wir nicht mehr dem Schild **C2,** sondern halten uns ganz links. Der Feldweg wird schlechter und führt an der **Cascina Pace** bergab, bis er in der Talsohle im Ortsteil **S. Matteo** wieder auf eine geteerte Straße stößt.

Auf ihr wandern wir zur Kreuzung mit der Kapelle **S. Pankratio.** Hier biegen wir links ab und steigen den steilen Feldweg hinauf zu einer Teerstraße. Von hier sind es nur noch 300 m nach links in den Ort **Cisterna.** Zurück gehen wir auf dem schon bekannten Weg bis zu der Stelle, an dem wir das Schild **C2** verlassen haben. Diesmal folgen wir ihm in einer Linkskurve um den Hügel herum. Nach der Kurve steigen wir zum Aussichtspunkt **Bric Mompissan** hinauf, die Rundsicht über das Roero ist von hier einmalig.

Wir gehen zum Weg zurück und wandern mit der Markierung **C2** bergab. Auf einer geteerten Straße bei einigen Häusern gehen wir geradeaus. Zwischen einem Kiesabbaugelände und Neubauten erreichen wir den Ortsrand von **Canale.** Hier halten wir uns rechts und wandern, den Kirchturm vor uns, zum Auto zurück.

Eine besondere Köstlichkeit sind die glasierten Weinbirnen, die im Restaurant La Ca Rossa in Cisterna serviert werden.

Tipp

Das Schloss beherbergt das **Museo Arti e Mestieri di un Tempo** von Cisterna d'Asti. Es gehört zum Pflichtprogramm piemontesischer Schulklassen. Denn hier lernt man vom Können der alten Handwerker, über manche inzwischen ausgestorbene Berufe und über das harte Leben der Bauern in vergangener Zeit. Liebevoll hat man eine ganze Dorfpiazza mit all ihren Kleinbetrieben und Handwerkerstuben nachgebaut: Bäckerei, Trattoria, das »Sale e Tabacchi-Lädchen«, Druckerei, mit einer Druckerpresse aus dem frühen 18. Jh. und 2000 Holzbuchstaben.

10 Von Costigliole zur Aussicht Bricco Lù

Zwischen Sagen, Mystik und Legenden: Costigliole –
Bricco Lù – Costigliole   Karten: E4

leicht

8 km

2 Std.

ja

Tourencharakter: Einfacher Rundweg auf meist asphaltierten Straßen zu einem der schönsten Aussichtspunkte des südlichen Piemont.
Beste Jahreszeit: Ganzjährig, auch nach längeren Regenperioden möglich, am schönsten ist die Abendstimmung mit Sonnenuntergang.
Ausgangsort: Costigliole d'Asti, 15 km südlich von Asti.
Endpunkt: Costigliole d'Asti.
Wanderkarte: Istituto Geografico Centrale/Torino Nr. 19.
Markierung: Keine.
Verkehrsanbindung: Bus: von Asti wochentags 1 x täglich.

Einkehr: Costigliole: Restaurant Collavini, Via Asti-Nizza 89, Tel. 0141/96 64 40, etwas außerhalb gelegen;
Pizzeria Da Maddalena, Via Roma 45, Tel. 0141/96 63 74; laut und sehr lebendig. Die Pizzen sind hervorragend, im Nachbargebäude gibt es saubere und günstige Zimmer.
Unterkunft: Costigliole: Agriturismo Cascina Matiot, Str. Bionzo 11, Tel. 0141/96 85 75, helle und freundliche Zimmer.
Tourist-Info: Costigliole: Cantina dei Vini/Palazzo Comunale, Via Roma 9, Tel. 0141/96 16 61.

Der Aussichtspunkt Bricco Lù

→ **Costigliole** und sein Schloss sind von zahlreichen Sagen und Geschichten umwoben. Die uralte Legende vom → **Bricco Lù** wird jedoch immer noch mit großer Begeisterung erzählt. Das ist kein Wunder, denn allein der Blick vom Hügelsporn ist faszinierend und lädt zum Träumen und Verweilen ein.

Der Wegverlauf

In **Costigliole** parken wir am **Castello** auf der **Piazza Umberto** und verlassen den Ort, das Schloss im Rücken, auf der **Via Roma**. Wir folgen zunächst den Schildern in Richtung **Asti** und biegen nach einer lang gezogenen Linkskurve an der **Ampel** rechts ab Richtung **Acqui Terme**. Wir bleiben nur für ein kurzes Stück an der stark befahrenen Straße (Gehweg!) und biegen im Vorort **Sabbionassi** links nach **Montegrosso** ab. Knapp 200 m weiter nehmen wir in der starken Rechtskurve ganz rechts die **Strada Burello** steil nach unten. Nach ca. 300 m endet der Teerbelag, doch wenn wir an einem Hof vorbei gekommen sind, treffen wir erneut auf eine geteerte Straße, der wir wieder folgen.

Bei einer großen **Hühnerfarm** wandern wir links den Hügel hinauf zur Wallfahrtskirche **La Madonnina di → Costigliole.** Die

Special

Die Wallfahrt zum Santuario della Madonnina geht bis ins Jahr 1558 und die Zeit der französisch-spanischen Kriege zurück. Zwei Brüder Pietro e Gian Cocito flüchteten vor den mordenden Soldaten und versteckten sich in der Burg am Bricco Lù. In Gefahr, entdeckt zu werden, flehten sie die Muttergottes um Hilfe an und wurden wie durch ein Wunder erhört. Aus Dankbarkeit errichteten sie eine Kapelle, zu der immer mehr Menschen pilgerten. Als 1646 Maria einem taubstummen Mädchen erschienen war, das daraufhin hören und sprechen konnte, war der Wallfahrerstrom nicht mehr zu begrenzen. Die Kapelle wurde zu klein und man schuf einen Neubau, der heute noch von vielen Betern besucht wird.

Gründungslegende kann man auf bunten Glasfenstern in einer Seitenkapelle sehen, in der auch das Gnadenbild steht. Am Gotteshaus stoßen wir auf eine Vorfahrtsstraße, auf der wir rechts mit freiem Blick nach allen Seiten weiterwandern. Beim Schild **Bricco Lù** geht es rechts etwas bergauf. Nach dem letzten Haus auf der linken Seite biegen wir rechts in den Weg mit der Absperrung ein, er führt direkt zum Aussichtspunkt **Bricco Lù**, der einen weiten Rundumblick bietet.

Im Ortsteil Burio von Costigliole steht eine Burg aus dem 10. Jh., in der regelmäßig bedeutende Kunstausstellungen stattfinden.

Vermutlich diente der Bricco Lù schon in vorrömischer Zeit als Heiligtum, später lag er an der antiken römischen Straße und war durch eine Burg befestigt. Sie ist inzwischen verschwunden. Das **Monument** am Aussichtsplateau von Claudio Palmeri ist den Frauen der Widerstandsbewegung im Zweiten Weltkrieg gewidmet. Der Rückweg führt über die Asphaltstraße zur Wallfahrtskirche, von dort geht es geradeaus über eine Straße mit schönen Ausblicken direkt nach **Costigliole** zurück.

11

Im Naturpark Val Sarmassa

Auf alten Schleichwegen: Lago Valtiverno bei Incisa Scapaccino – Bricco di Tre Vescovi – Monte del Mare – Lago Blu – Lago Valiverno   Karte: F4

 leicht

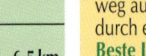 6,5 km

 2 Std.

 ja

Tourencharakter: Einfacher Rundwanderweg auf meist unbefahrenen Wegen durch einen Naturpark.
Beste Jahreszeit: Ganzjährig, am besten im Frühjahr zur Blüte.
Ausgangsort: Lago Valtiverno bei Incisa Scapaccino, 30 km süd-östlich von Asti.
Endpunkt: Lago Valtiverno.
Wanderkarte: Wanderkarte des Naturparks.
Markierung: Zum Großteil die rote Markierung des Percorso Equestre/Reitweges.
Verkehrsanbindung: Bahn/Bus: von Asti bis Mombercelli 4 x täglich mit Bahn,

dann Bus bis Vinchio, bzw. von Turin über Asti nach Mombercelli 2 x täglich mit Bus, umsteigen und Bus bis Vinchio.
Einkehr: Im Park viele ausgewiesene Picknickplätze, Vinchio: Osteria Al Saraceno, Piazza Vercelli 4; Agriturismo Colle del Saraceni, Via Croara 5, Tel. 0141/95 09 02, romantisch und stilvoll.
Unterkunft: Vinchio: Agriturismo San Michele, Via San Michele 12, Tel. 0141/95 04 20.
Tourist-Info: Vinchio: Riserva Naturale di Val Sarmassa, Piazza Vercelli, Tel. 0141/95 02 37.

Einmal ohne kulturelle oder kunsthistorische Highlights, dafür aber durch unberührte Natur des Parco Sarmassa zu wandern ist das Besondere dieses Rundweges. In den letzten Jahren sind große Naturschutzgebiete wie der Parco del Po, → **Rocchetta Tanaro,** **Parco di Valleandona** und **Parco Sorgenti del Belbo** entstanden.

Der Wegverlauf

Am Bricco Omis

Wir parken am **Lago Valtiverno,** folgen dem **grünen Schild** nach links, am Zaun um den Sportfischerweiher Valtiverno herum und gehen dann steil den ausgefahrenen Hohlweg hinauf. Über ein paar Spitzkehren erreichen wir den Hügelkamm mit seinem Fernblick bis zu den Alpen. Wir passieren das einsam stehende Haus **Tre Vescovi**, zu den drei Bischöfen genannt.

An dieser Stelle treffen sich nämlich die Grenzen der Erzdiözesen Acqui Terme, Asti und Alessandria. Kurz danach stoßen wir auf eine kleine Teerstraße, der wir für ein kurzes Stück nach links Richtung **Vinchio** folgen. Dabei passieren

11

wir auch das **Casotto di Ulisse**, das dem Partisanen Davide Lajolo als Versteck diente.

Nach dem Parkplatz **Monte del Mare** gehen wir noch etwas geradeaus und biegen nach dem Leitgeländer der Straße bei einem kleinen **schmiedeeisernen Pfeil** links in den gekiesten Weg ein. Links am Hügelrand entlang kommen wir zum **Bricco Omis**, einem Aussichtspunkt, von dem wir Vinchio, Vaglio und in der Ferne die Alpen sehen. Wir wandern fast bis zum Parkplatz **Monte del Mare** zurück, biegen aber etwas vorher rechts in den Wanderweg mit der **blauen Markierung** ein. Leicht bergab kommen wir zum »**La Ru**«, dem berühmtesten Baum des Parks**.** Er ist mindestens 100 Jahre alt und eine Kuriosität. Kurz nach dem Baum gehen wir links den Hügel hinunter, bleiben auf dem Hauptweg und folgen durch einen Eichenwald der Beschilderung zum **Lago Blu**. Dieser ist ein wertvolles Kleinbiotop.

Kurz nach dem »See« stoßen wir bei einer Absperrung wieder auf die **Provinzstraße**, die Vinchio und Incisa Scapaccino verbindet. Für ca. 200 m wandern wir nach links und biegen dann nochmals links in den Weg für Reiter ein. Er steigt an und mündet in den **Fitnessweg** mit der grünen Markierung. Auf ihm wandern wir rechts zwischen Brombeerbüschen steil nach unten und treffen im Tal auf eine größere ungeteerte Straße, die uns links zum Parkplatz am **Lago Valtiverno** zurück bringt.

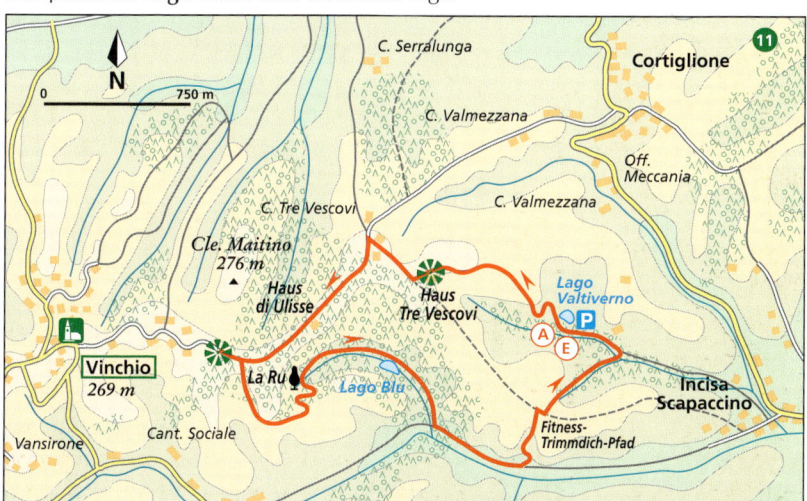

12 Von Guarene nach Castagnito

Durch Obstplantagen zur Barockresidenz des Roero:
Guarene – Socco – Castagnito – Guarene

Karten: D4

 leicht

 7,5 km

2 Std.

ja

Tourencharakter: Rundweg auf Feldwegen und Nebenstraßen mit vielen Aussichtspunkten.
Beste Jahreszeit: Ganzjährig, Schloss von Guarene nur Mitte September bis Mitte November am Sonntag geöffnet.
Ausgangsort: Guarene, 8 km nördlich von Alba.
Endpunkt: Guarene.
Wanderkarte: Istituto Geografico Centrale/Torino Nr. 19.
Markierung: Keine.

Verkehrsanbindung: Bus: 3 x täglich von Alba nach Guarene.
Einkehr: Castagnito: Restaurant La Cantinetta, Via Roma 24; Restaurant Ostu di Djun, Via Roma 15 – leider hat dieses vorzügliche Lokal nur abends geöffnet.
Unterkunft: Guarene: Hotel/Restaurant Miralanghe, Piazza Roma, 2, mit schöner Aussicht über das Tal Tanaro.
Tourist-Info: Information zu den Öffnungszeiten des Castello Guarene: Tel. 0173/61 13 75.

Mittelalterliche Dörfer, barocke Schlösser, kleine Kirchen und Wegkapellen und eine Landschaft wie aus dem Bilderbuch, so lässt sich das **Roero** wohl am einfachsten umschreiben. Die Wanderung überrascht mit Abwechslung, ihre Krönung sind aber die sagenhaften Ausblicke.

Der Wegverlauf

Wir parken das Auto in **Guarene** auf der **Piazza Roma** und wandern in den Ortskern. Nach wenigen Metern weist uns ein Schild **Chiesa Parrochiale** zur 1782 erbauten Pfarrkirche an der **Piazza XI. Febraio**. Wir nehmen die **Via IV. Novembre** links der Kirche und steigen unterhalb der Schlossmauer bergauf. Am Stoppschild geht es nach rechts (zur Schlossbesichtigung hier links) und beim nächsten Stoppschild für 150 m nach links (Schild **Cimitero**), dann folgen wir rechts dem Schild **Lago di Guarene** zum See.

Das Barockschloss von Guarene

Das ist allerdings nur ein kleiner eingezäunter Fischweiher neben der Diskothek Eden. Am See führt unser Weg zum Ortsteil

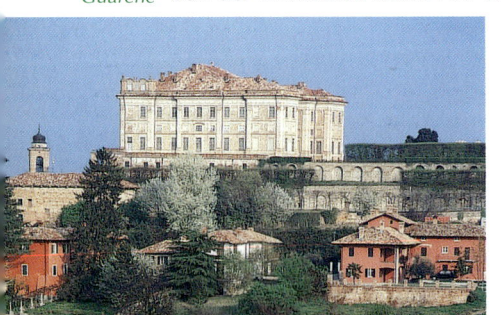

Rivi gerade bergauf. An einem Bauernhof gehen wir links und treffen bei einem Haselnussfeld auf eine Vorfahrtsstraße. Wir folgen ihr kurz nach rechts und biegen an der **Wegkapelle** wieder rechts in den Feldweg. Zwischen Weinfeldern und Obst-

gärten wandern wir ungeachtet der zahlreichen Abzweigungen direkt auf ein frei stehendes **rosa Haus** zu. Der Weg endet über einer geteerten Straße.

Vorsichtig steigen wir die steile Böschung zu ihr hinunter. An der Weggabelung wandern wir rechts und passieren das rosa Haus. Die Straße führt an ein paar Obstbauernhöfen vorbei. Nach dem letzten Hof wird sie zu einem Feldweg, der in leichtem Auf und Ab auf **Castagnito** zuführt. Rechter Hand liegen Borbore und Vezza d'Alba, zwei typische Dörfer des Roero. Kurz vor **Castagnito** teilt sich unser Feldweg. Hier halten wir uns rechts und gehen am Brunnen vorbei steil aufwärts. Bei einem **rostroten Haus** erreichen wir eine geteerte Straße, die uns rechts in den Ort bringt. Wir verlassen **Castagnito** und passieren dabei das **Ristorante la Cantinetta**, überqueren die Vorfahrtstraße und wandern in die **Via Ronchesio**.

Auf einer von Pinien gesäumten Straße gehen wir mit schöner Sicht auf S. Martino Alfieri endgültig aus dem Ort. Nach dem letzten Haus teilt sich der Weg. Wir halten uns geradeaus und wandern auf einem Feldweg rechts um einen Hügel herum. Wir sind nun auf halber Höhe über dem Tal des Tanaro. Der Blick schweift über → **Barbaresco**, über → **Neive** und über die Obsthaine des Tales bis hin zu den mittelalterlichen Türmen der Stadt → **Alba.** Wo der Weg steil direkt in das Tal führt, halten wir nach der Kapelle S. Sebastiano Ausschau, die ein Weinfeld weiter rechts liegt. Auf der Höhe der Kapelle biegen wir rechts in den kleineren, mit Gras bewachsenen Weg ein und stoßen an ihr wieder auf einen größeren Feldweg, auf dem wir rechts zwischen drei Obstbäumen hindurch bergauf gehen. Nach ein paar Haselnussbüschen wandern wir durch ein Wäldchen und schon ragt steil vor uns die barocke Fassade des Schlosses **Guarene** auf. Bei den ersten Häusern des Ortes erreichen wir wieder geteerten Untergrund. An der Vorfahrtsstraße rechts, danach dem **Schild Municipio** folgend gelangt man direkt zum Ausgangspunkt.

Das Schloss von Guarene und sein barocker Park sind der Initiative Castelli Aperti angeschlossen. Von September bis Oktober ist es an bestimmten Tagen geöffnet.

13 Von Barbaresco nach Neive

Durch weltberühmte Weinlagen ins Schlaraffenland:
Barbaresco – Neive – Barbareso

Karten: D4

 mittel

 8,5 km

 3 Std.

 ja

Tourencharakter: Rundwanderung auf asphaltierter Straße und Feldwegen zwischen Weinbergen zu einem der großen Schlemmeroasen des Piemont.
Beste Jahreszeit: Im Frühjahr und Spätherbst zur Weinlaubfärbung, im Sommer kann es sehr heiß werden.
Ausgangsort: Barbaresco, 9 km nördlich von Alba.
Endpunkt: Barbaresco.
Wanderkarte: Istituto Geografico Centrale/Torino Nr. 19.
Markierung: Keine.
Verkehrsanbindung: Bahn: von Turin über Neive nach Barbaresco wochentags stündlich, umsteigen in Asti, Bahnhöfe liegen außerhalb. Keine Busverbindung.

Einkehr: Barbaresco: Restaurant Rabaya, Via Rabaya 9. Neive: Restaurant/Hotel La Contea, Piazza Cocito 8; Restaurant La Luna nel Pozzo, Piazza Italia 23; Restaurant Cantina del Rondo, Loc. Fausoni 7, zur Spezialität des Hauses gehört Kuttelsuppe, die im rustikalen Weinkeller serviert wird.
Unterkunft: Barbaresco: Hotel/Restaurant Vecchio Tre Stelle, Via Rio Sordo 13, Tel. 0173/63 81 92. Ein unvergesslicher Aufenthalt, egal ob man zum Essen oder zum Übernachten bleibt. Neive: B & B Casa Margot, Via Roma 9, Tel. 0173/6 76 12, hat 3-Sterne-Niveau.
Tourist-Info: Barbaresco: Enoteca regionale, Via Torino 8, Tel. 0173/63 52 51.

Restaurant La Contea in Neive: Nach alten Rezepten zubereitete Speisen werden in historischen Räumen oder im kleinen Garten serviert. Probieren Sie Semifreddo al Torrone.

Die Weinlagen rund um den Ort → **Barbaresco** gehören zu den bekanntesten in Italien. Im benachbarten Ort → **Neive** treffen sich die Gourmets aus aller Welt, um die hervorragende Küche der Region zu genießen.

Der Wegverlauf

Das Zentrum → **Barbaresco** verlassen wir auf der Straße rechts der Enoteca, die in einer kleinen, aufgelassenen Kirche untergebracht ist. Mit schöner Aussicht auf den Fluss Tanaro und die

Schlösser von Magliano Alfieri und → **Guarene** gehen wir auf einem Panoramaweg durch den Ort. An der Hauptstraße halten wir uns für ca. 500 m links und biegen dann rechts in den Ortsteil **Monte S. Stefano** ein. Bevor die Häuser am

13

Hügelende anfangen, folgen wir links der Straße, die steil zwischen Weinfeldern bergab führt und schließlich zum geschotterten Feldweg wird. Dieser mündet im Tal in einen weiteren Feldweg, hier biegen wir rechts ab. Bei einem Platanenwäldchen halten wir uns links den Berg hinauf.

Wir folgen dem Feldweg über die Bahn und kommen an ein paar Häusern, der **Cascina Principe** vorbei. Hier treffen wir auf einen geteerten Weg, auf dem wir links weiter wandern. Vor uns liegt nun der Ort Neive mit seinem auffälligen Uhrturm. Die Straße bringt uns nach einem Kilometer an eine Vorfahrtsstraße, der wir für knapp 500 m nach links bis zur Hauptstraße folgen. Wir überqueren sie und wandern bergauf durch eine Platanenallee zum **Portale S. Rocco**, durch das wir den alten Ortskern → **Neive** betreten. Wir verlassen den Ort durch das entgegengesetzt liegende **Portale S. Sebastiano** und biegen nach dem Stadttor links in die **Via Circumvallazione** ein. Nach ca. 500 m an der T-Kreuzung halten wir uns rechts, am **Friedhof** vorbei bis zu der nächsten Häusergruppe. Hier biegen wir an der Kapelle links ab und folgen dem **Schild Gallina** durch Haselnusshaine und Weingärten.

Gallina besteht nur aus wenigen Häusern. Unmittelbar nach der **Cantina Giuseppe Negro** und dem Haus Nr. 23 wenden wir uns auf den Feldweg nach links, der allerdings schlecht zu

Weinhandlung in Neive

erkennen ist. Er führt zwischen einem Haselnusshain und einem Weinfeld hindurch. Nach knapp 100 m nutzen wir die erste Lücke zwischen den Weinfeldern und biegen links ab und dann, kurz nach der Hügelkuppe, gleich wieder rechts.

Nach ein paar Büschen halten wir uns links und gehen steil den sonst nur von Weinbauern genutzten Weg hinunter. Unten treffen wir auf eine geteerte Autostraße, die wir überqueren, um in den Feldweg zu gelangen. Nach ca. 300 m, bei der ersten Gelegenheit, biegen wir rechts ab und befinden uns auf dem bekannten Weg, den wir in entgegengesetzter Richtung aufwärts bis zum Ortsteil **S. Stefano** gehen. Oben überqueren wir jetzt die Hauptstraße und sind so mit wenigen Schritten zurück in **Barbaresco**.

14 Stadtspaziergang in Alba

Der Gipfel des Geschmacks in der Hauptstadt des
Trüffels: Alba   Karten: D4

 leicht

 2 km

 1 Std.

 ja

Tourencharakter: Stadtwanderung zu den wichtigsten Sehenswürdigkeiten.
Beste Jahreszeit: Ganzjährig, im Oktober und November zu den Trüffelmessen ist Hochsaison.
Ausgangsort: Alba, 30 km südlich. von Asti.
Endpunkt: Alba.
Wanderkarte: Stadtplan.
Markierung: Keine.
Verkehrsanbindung: Bahn: wochentags stündlich von Turin. Umsteigen in Asti nach Alba, Bus: wenig Verbindungen.
Einkehr: Alba: Restaurant Osteria dell'-Arco, Piazza Savona 5 von der Gruppe Slow-Food ausgezeichnete kreative Variationen und klassische Gerichte, Genuss pur; Restaurant Enoclub, Piazza Savona 4: grüne Ravioli gefüllt mit Fondutacreme in einem alten Ziegelsteingewölbe.

Unterkunft: Alba: Hotel Savona, Via Roma 1, Tel. 0173/44 04 40. Großes Haus mit langer Tradition mitten in der Altstadt. Hotel Leon d'Oro, Piazza Marconi 2, Tel. 0173/44 19 01, direkt am Marktplatz. Von den Zugängen zu den einfachen Zimmern im Innenhof hat man einen schönen Blick auf die Türme der Altstadt. Hotel/Restaurant Piemonte, Piazza Rossetti 6, Tel. 0173/44 13 54, einfache, gemütliche Zimmer direkt hinterm Dom. Agriturismo Villa La Meridiana ca Reine, Loc. Altavilla 9, Tel. 0173/44 01 12. Auf einem Hügel ca. 1 km vom Zentrum, noble Villa mit Blick über die Dächer von Alba.
Tourist-Info: Alba: A.T.L., Palazzo delle Mostre e dei Congressi, Piazza Medford, Tel. 0173/36 28 07.

Das mittelalterliche Städtchen → **Alba** geizt nicht mit Reizen. Für jeden gibt es hier etwas: Geschichtsforscher, Schleckermäuler, Einkaufswütige und Kunst- und Kulturfreunde kommen hier voll auf ihre Kosten. Das südliche Piemont lernt man besonders gut kennen, wenn man Alba wie auch → **Asti** etwas Zeit widmet.

Der Wegverlauf

Wir lassen das Auto in Alba auf einem der kostenlosen Parkplätze an der **Piazza Medford** rund um das moderne Ausstellungs- und Kongresszentrum. Über die **Piazza Garibaldi** kommen wir in die **Via Cavour**, eine der Hauptachsen von Alba, und befinden uns bereits im verkehrsberuhigten Altstadtteil.

Unter den etwas morbiden, feuchten Arkaden liegen die besten Feinkostläden der Stadt. Gleich zu Beginn lockt der Duft von frisch geröstetem Kaffee in die **Casa del Café**, Nr. 11. Gleich daneben im Schaufenster des Delikatessengeschäfts **Enoteca le Torri** türmen sich die Köstlichkeiten.

Dicht zusammengedrängt stehen hier noch viele mittelalterliche, aus Ziegeln gebaute Stadtpaläste mit ihren Geschlechtertürmen.

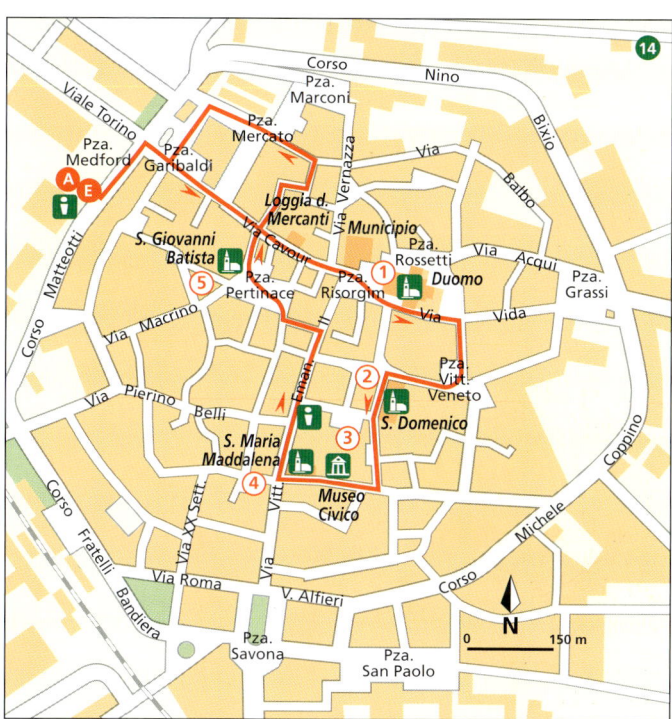

Die Straße weitet sich an der **Piazza Risorgimento** ①, dem zentralen Platz der Stadt mit dem **Rathaus** und der Dompfarrkirche **S. Lorenzo**. Seit der Entstehung im 12. Jh. wurde das Gotteshaus einige Male komplett umgebaut; das letzte Mal 1867–82 durch den Architekten **E. Mella**, der die vorgesetzte Backsteinfassade errichten ließ. Durch die drei erhaltenen romanischen Portale betritt man das Kircheninnere. Zwischen den Gewölberippen ist die Decke mit einem tief dunkelblauen Sternenhimmel bemalt. Sie verleiht dem ohnehin schon dunklen Innenraum eine ganz eigene mystische Stimmung. Die wertvollsten Elemente der Innenausstattung finden wir im Chor. Jede einzelne Sitzwange des hölzernen Chorgestühls ist individuell mit Intarsienarbeiten geschmückt. Ein Werk von **B. Codogno** aus dem 16. Jh.

Rund um den Dom herrscht geschäftiges Treiben, hier schlägt das Herz der Stadt. Die hohen **Geschlechtertürme** und die bunten Fassaden der Häuser geben ein stimmungsvolles Bild. Gleich ne-

Selbst wer im Café Calissano keinen Aperitif zu sich nehmen möchte, sollte einen Blick auf den prunkvollsten Tresen Albas werfen.

14

ben dem Dom liegt das historische **Café Calissano**. Rechts vom Dom gehen wir in die **Via Vida** und biegen dann rechts in die **Via Generale Govone** ab. Wir erreichen die kleine **Piazza Vittorio Venetto**, von der wir rechts durch die **Via Teobaldo Calissano** zur Kirche **S. Domenico** ② gehen. Der gotische weißrote Ziegelbau ist von schlichter Eleganz. Über dem Portal erkennt man das Steinrelief des Lamm Gottes. Die Kirche wurde im 13. Jh. erbaut und hat bis jetzt ihren harmonischen Stil behalten. Im Innern ist sie leer, der Kirchenraum wird seit einigen Jahren für Konzertveranstaltungen genutzt. Bei Restaurierungsarbeiten konnten lediglich ein paar schöne Fresken freigelegt werden. In den großzügigen Hinterhof, in dem früher der Kreuzgang war, wurde ein modernes **Open-Air-Theater** eingebaut. Nach der Kirche biegen wir links in die **Via Accademia** und gehen dann in der **Via Paruzza** nach rechts weiter.

Wir passieren das **Museo Civico F. Eusebio** ③ und die **Stadtbibliothek**. Das **Museum Eusebio** beherbergt eine umfassende Sammlung zur Stadtgeschichte. Sie beginnt bei Ausgrabungen und Fossilien, die zu der Zeit versteinerten, als sich die Gegend um Alba von einem Meer in eine Sumpflandschaft und dann in Hügelketten umwandelte. Funde aus dem Neolithium zeugen von frühester Besiedlung. Am bekanntesten sind die wertvollen römischen Ausgrabungsstücke dieser Sammlung. Nach dem Museum an der Ecke zur **Via Vittorio Emanuele** steht die Kirche **S. M. Maddalena** ④, deren Inneres fast nur aus einem mit Heiligenhimmel bemalten Kuppelraum zu bestehen scheint.

In der linken Seitenaltarnische brennen immer Andachtskerzen vor dem Hochgrab mit der mumifizierten Leiche der Gräfin Beate Margeritha di Savoia. Obwohl offiziell nicht zu den Ehren der Altäre erhoben, gilt sie als Stadtheilige. Sie

Geschlechtertürme an der Piazza Risorgimento

hat sich diesen Ruhm durch aufopfernde Pflege der Bevölkerung während der Pestepidemie im Jahr 1440 verdient.

Mit ein paar Schritten auf der **Via Vittorio Emanuele** nach links können wir die **Enoliberia I Piaceri del Gusto**, Nr. 23 besuchen. Das ist ein reizend dekorierter Laden, in dem Geist und Gaumen auf ihre Kosten kommen. Bücher, Bildbände, Rezepte und philosophische Werke rund ums Essen wechseln sich mit einem Angebot an Gaumenspezialitäten und erlesenen Weinen ab. Vor der Kirche **S. M. Maddalena** und entlang der **Via Vittorio Emanuele** findet in den Monaten von Oktober bis Dezember der **Trüffelmarkt** statt. Dann wird hier eifrig geschnüffelt, gehandelt und gefeilscht. Um sicher zu gehen, dass man nicht übers Ohr gehauen wird, kauft man die begehrte Knolle aber lieber in einem der vielen Feinkostläden, wie dem winzigen Geschäft **Tartufi Ponzio** Nr. 26, das dem ältesten Trüffelhändler von Alba gehört.

Auf der **Via Vittorio Emanuele** wandern wir rechts Richtung **Piazza del Risorgimento** zurück. Kurz vor der Piazza treffen wir auf eine Reihe schöner Stadtpaläste. An der **Casa Fontana** Nr. 11 bilden auf einem Terracottafries entlang des ersten Stockwerkes Musikanten und Tänzer einen Reigen. Beachtenswert sind auch der **Palazzo Serralunga** und der **Palazzo Conti Belli**. Etwas weiter, an der Jugendstil-Konditorei **Cignetti** Nr. 3 verführt bereits die Auslage zum Schlemmen. Feine Plätzchen wie Baci di Dama, Torrone oder Marone glaces lassen sich aber auch für unterwegs einpacken.

Fast am Ende der Hauptstraße, biegen wir links über die **Via Ravina** zur **Piazza Pertinace** ab. Am anderen Ende des Platzes liegt die kleine Kirche **S. Giovanni Battista** ⑤, die als herausragendes Kunstwerk ein ikonenhaftes Madonnenbild von Barnaba da Modena aus dem Jahr 1377 beherbergt. Am Platz finden wir außerdem den hohen, mittelalterlichen Stadtpalast **Casa Graziano** mit dem Turmhaus Riva. Über die Gasse **Via Toppino** treffen wir wieder auf die **Via Cavour**, die wir schräg nach links in die **Via Francesco d'Assisi** überqueren. Sie mündet an der großen **Piazza Mercato**, an der täglich unter den schmiedeisernen, offenen Markthallen ein kleiner Obst-, Gemüse- und Blumenmarkt stattfindet. Nur Samstag ist fast die gesamte Altstadt für den großen Markt gesperrt. Auf der **Piazza Mercato** gehen wir links zum Kreisverkehr der **Piazza Garibaldi**, über die wir geradeaus zum Auto zurückkommen.

14

Teuerste Designerkleidung gibt es zu Schnäppchenpreisen im Fabrikverkauf bei Vestebene in der Via S. Barbara.

15 Von Roddi nach Verduno

Auf Hügelrücken über dem Flussbett des Tanaro:
Roddi – Verduno – Roddi

 mittel

 11 km

 3½ Std.

 ja

Karten: D4

Tourencharakter: Leicht hügeliger Rundwanderweg auf Feldwegen mit weiten Ausblicken.
Beste Jahreszeit: Ganzjährig.
Ausgangsort: Roddi, 6 km westlich von Alba.
Endpunkt: Roddi.
Wanderkarte: Istituto Geografico Centrale/Torino: Nr. 19.
Markierung: Teilweise weißrot, dann weißgelb gestreift.
Verkehrsanbindung: Keine öffentliche Verbindung.

Einkehr: Roddi: Restaurant La Crota, Piazza P. Amedeo I. 1; Verduno: Restaurant La Cascata, Regione Gurei, etwas außerhalb an einem kleinen See.
Unterkunft: Verduno: Hotel/Restaurant Real Castello, Via Umberto I. 9 Tel. 0172/4 701 25, historisches Schloss mit stilvoller antiker Einrichtung; Roddi: Enomotel, Via Cavallotto 1 Tel.0173/61 52 86, kein typisches Motel.
Tourist-Info: Keine.

Die kleinen Dörfer → **Roddi** und → **Verduno** können sich als Vorhut der berühmten Barolo → **Wein-Orte** bezeichnen. Sie gehören zu den nördlichsten Elite-Gemeinden, die mit dem edlen Tropfen für sich werben dürfen. Wie guter Wein Zeit und Ruhe zum Reifen braucht, so genießen auch wir Stille und Gelassenheit auf unseren Wanderwegen.

Der Wegverlauf

Das Auto parkt man in **Roddi** unterhalb des Schlosses in der **Via Garibaldi**. Unser Weg beginnt am **Schlossplatz** bei der Pfarrkirche, wir gehen die **Via Crosetti** unterhalb des Kriegerdenkmals

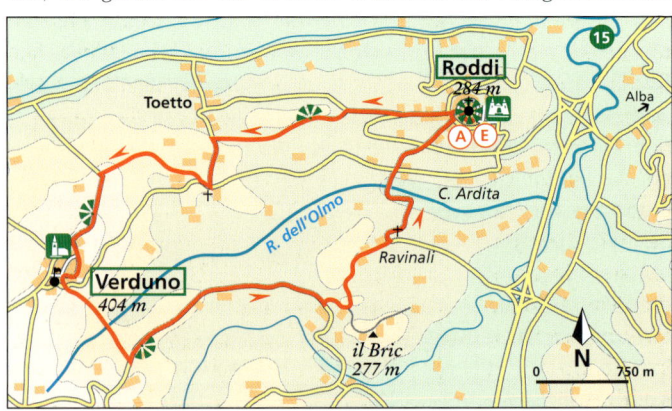

rechts entlang bis zur **Via Roma** und dort erneut nach rechts zur **Piazza Principe Amedeo I.** Auf der **Via Cavour** verlassen wir Roddi. Nach insgesamt 1 km teilt sich die Straße, wir halten uns rechts und gehen an der nächsten Gabelung links in den Feldweg. Beim Strommasten rechts, die **rotweiße Markierung** führt uns durch einen Hohlweg auf einen Höhenrücken, der uns auf die Burg von → **Vittorio d'Alba** und weit ins Roero schauen lässt. An der Straße biegen wir links ab und erreichen über einen Hügel die

Blumenge-schmückte Gasse in Roddi

Kapelle **S. Maria del Carmeto**. Wir gehen ca. 100 m nach rechts und dann nochmals rechts in die Straße mit dem Schild **Cascina Fava**. Es geht ca. 300 m bergauf, in einer starken Rechtskurve verlassen wir die geteerte Straße links in den Feldweg. Der Markierung nach wandern wir über einen Höhenrücken in ein kleines Waldstück zu einer Teerstraße, in die wir links einbiegen.

Vor dem Ortschild biegen wir links in die **Via Beato Valfre**, die uns ins Zentrum von **Verduno** bringt. Den Ort verlassen wir über die **Via Vittorio Emanuele II.** Richtung Süden. Beim Kreisverkehr nehmen wir den steilen Feldweg links unterhalb des **Buswarte-häuschens**. Ab jetzt gilt die gelbweiße Wegmarkierung. Der Weg wird steiler und schlechter. Kurz vor der Talsohle führt uns die Markierung links in einen **Trampelpfad**. An seinem Ende überquert man einen **Bach**. Schon 20 m weiter zweigt rechts ein Feldweg ab, er steigt an und mündet in eine Teerstraße.

Nach heftigem Regen kann der Bach vor Roddi den Weg unkenntlich machen. Dann nach der Brücke geradeaus am linken unteren Feldrand entlang gehen.

Nach links laufen wir auf eine Gruppe Häuser zu, dort halten wir uns erneut links. An der T-Kreuzung gehen wir links dem Schild **Roddi Centro** nach. Die Straße führt an der **Wegkapelle S. Carlo** vorbei. Nach einem kleinen Hügel treffen wir auf eine Vorfahrtsstraße, wir überqueren sie, biegen in die **Via Fontana** ein und kommen ins Zentrum von **Roddi** zurück.

Tipp

Roddi wurde im 10. Jh. von der Stadt Alba als Wehrdorf und Vorposten gegen die Sarazenen gegründet, die in ihren Raubzügen von Süden her ständig die Gegend verwüsteten. Das Schloss oder besser die Burg über dem Ort stammt ebenfalls aus dieser Zeit, wurde aber immer wieder umgebaut und erweitert, im 17. Jh. sogar auf Veranlassung des Turiner Königs Carlo Alberto teilweise barockisiert. Der Herrscher ließ sich jedoch nie in Roddi blicken, er soll erklärt haben, dass ihm das prächtige Haus trotz der teuren Renovierung zu unbequem sei. Heute ist das Schloss verlassen und verfällt zunehmend, dennoch prägt es das Gesicht des Ortes. Roddi war sogar einmal Universitätsstadt. Es war allerdings eine sehr kuriose Universität, hier bildete man nämlich →**Trüffel**hunde und ihre Führer aus!

16

Um La Morra

Auf dem Baroloweg:
La Morra – La Morra

Karte: C/D5

 leicht

 14 km

 3½ Std.

 ja

Tourencharakter: Gut ausgeschilderter Rundwanderweg durch die Weinberge um La Morra. Die schöne Aussicht begleitet uns auf der gesamten Wegstrecke.

Beste Jahreszeit: Im Herbst zur Laubfärbung, im Sommer nur mit Sonnenschutz, kaum Schatten.

Ausgangsort: La Morra, 15 km südwestlich von Alba.

Endpunkt: La Morra.

Wanderkarte: Keine.

Markierung: Sentiero di Barolo, Holzschilder mit dem Symbol des Weinglases.

Verkehrsanbindung: Keine.

Einkehr: La Morra: Restaurant Belvedere, Piazza Castello 5, das bekannte Lokal lebt nicht nur von seiner guten Küche, sondern auch durch seine exponierte Lage. Agriturismo Fratelli Revello, Fraz. Annunziata 103, Tel. 0173/5 02 76 mit leckerer Hausmacherküche auf hohem Niveau und eigenen Weinen, Reservierung erforderlich! Restaurant Osteria Veglio, Fraz. Annunziata 9.

Unterkunft: Hotel/Restaurant Italia, Via Roma 30, Tel. 0173/5 06 09; Agriturismo Cascina Ballarin, Fraz. Annunziata 115, Tel. 0173/5 03 65. Gemütlicher Familienbetrieb auf einem Weingut. Agriturismo Ferrero, Fraz. Annunziata 12, Tel. 0173/5 06 91, auch mit größeren familienfreundlichen Apartments.

Tourist-Info: La Morra: Cantina Comunale, Via C. Alberto 2, Tel. 0173/50 92 04.

Mit etwas Glück wandern wir bei La Morra im Spätherbst über einem Nebelmeer in der Sonne, nur die höchsten Hügel ragen aus den grauen Wolken.

In → **La Morra** hat man wohl zum ersten Mal entdeckt, wie gut Wandern und kulinarische Genüsse zusammenpassen. Hier wurde das Fest der Mangialonga (→ **Special**) erfunden und hier wurde vor wenigen Jahren der gut ausgeschilderte Barolo-Weg angelegt, der inmitten der Weinberge, vorbei an kleinen Weilern und Kapellen in einem großen Halbkreis um La Morra führt.

Der Wegverlauf

Wir parken in **La Morra** auf der **Piazza di Castello**, beginnen die Wanderung an der **Cantina Comunale** und folgen den hölzernen Wegschildern des **Sentiero di Barolo**, des **Baroloweges** Richtung Süden. Nach der Kirche **S. Martino** biegen wir in die **Via Cavour** und wandern über Serpentinen an der Stadtmauer entlang zu einer Autostraße. Es geht wenige Meter nach links und bei den letzten Häusern erneut links in einen ruhigen Weg durch die Nebiolo-Weingärten. Dabei haben wir eine weite Sicht über die Hügelketten der Langhe. Bis zu den Häusern der **Cascina Cerequio** laufen wir südwärts bergab. Wir umrunden sie und wandern jetzt unterhalb von La Morra in nördliche Richtung, geführt durch ein **Weinglassymbol** oder durch das Schild **Sentiero di Ba-**

rolo. An der Kirche im **Ortsteil An-nunziata** biegen wir links auf einen ruhigen Weg, passieren das **Weingut Montezemolo** und halten uns wieder links. Vor uns liegt → **Verduno,** → **Roddi** und in der Ferne sehen wir mit etwas Glück sogar den Turm → **S. Vittorio d'Alba.**

In Höhe der mächtigen **Libanonzeder,** die 1856 anlässlich der Hochzeit des Grafen C. Falletti gepflanzt wurde, biegen wir erneut links ab und wandern zwischen Weingärten nach unten zu den Haselnusshainen, direkt auf den Hügel **Bricco San Biaggio** zu. Kurz vor dem tiefsten Punkt im Tal geht es nach links um den Hügel herum. Wenn wir ihn fast umrundet haben und bereits die ersten Häuser vor uns sehen, wenden wir uns erneut links und erreichen nach einem kleinen Anstieg die Teer-straße des **Ortsteils S. Maria.** Hier wandern wir links über ein paar Wein-güter zur Hauptstraße und folgen ihr nach links zur Kirche **S. Maria** über dem Ortskern. Sie belohnt uns mit einer weiten Sicht bis → **Grinzane Cavour.**

Ein Stück davor zweigt rechts unser Weiterweg ab. An Nusssträu-chern und Obstbäumen vorbei halten wir uns, den Schildern fol-gend, noch zweimal links, dabei stets aufwärts. An einem ein-zeln stehenden Hof wandern wir rechts in die Weinfelder und kommen zur **Kapelle Madonna di Loretto** auf dem Höhe. Von hier blicken wir weit in den Norden über das Tal des Tanaro und das Barolodorf → **Verduno.**

An dem Kirchlein laufen wir links vorbei zu einer as-phaltierten Straße und ge-hen auf ihr links die letzten Meter zum Zentrum von **La Morra.**

Special

Am letzten Augustsonntag kann man am **Festzug der Mangialonga** teilnehmen. Auf einem ca. 3 km langen Spazierweg über Weinberge erhält man auf Raststa-tionen komplette piemontesische Menüs, von der Vorspeise bis zum Dessert. Vor der Tour bekommt man ein stilvoll ein Glas umgehängt, denn zum je-weiligen Gang darf der passend abgestimmte, hoch-wertige Wein nicht fehlen.

17 Stadtspaziergang in Saluzzo

Das Siena des Piemont:
Saluzzo
Karte: A5

leicht

3 km

1 Std.

ja

Tourencharakter: Stadtwanderung zu den wichtigsten Sehenswürdigkeiten.
Beste Jahreszeit: Ganzjährig; während der Mittagszeit ist alles geschlossen.
Ausgangsort: Saluzzo, 50 km westlich von Alba.
Endpunkt: Saluzzo.
Wanderkarte: Stadtplan.
Markierung: Keine.
Verkehrsanbindung: Bahn: wochentags stündlich von Turin nach Saluzzo, mit Umsteigen in Savigliano, Bus: von vielen Orten aus der Umgebung.
Einkehr: Saluzzo: Restaurant La

Quattro Stagioni, Via Volta 21, Tel. 0175/4 74 70; Restaurant l'Ostu dij Baloss, Via Gualtieri 38, Tel. 0175/24 86 18, große Käseauswahl; Restaurant La Gargotta del Pellico, Piazzetta dei Mondagli 5, elegant; Bar/Pasticceria Beppe, Corso Italia 25, die beste Konditorei am Ort liegt unter den historischen Arkaden.
Unterkunft: Saluzzo: Hotel Astor Piazza Garibaldi 39, Tel. 0175/4 74 50, modern und zentral gelegen.
Tourist-Info: Saluzzo: IAT Piazza di Mondagli 5, Tel. 0175/4 67 10.

Vielleicht sind es die Türme der Pfarrkirche S. Giovanni oder der Torre Civica, aber irgendwie ist deren Silhouette gegen den Himmel der toskanischen Stadt Siena zum Verblüffen ähnlich. Nur die steil hinter → **Saluzzo** aufragenden Viertausender des Westalpenbogens lassen keinen Zweifel mehr aufkommen.

Bürgerhäuser in der Salitta al Castello von Saluzzo

Der Wegverlauf

Kostenlose Parkplätze gibt es in der Unterstadt von **Saluzzo** rund um die imposante, freistehende Kathedrale. Hier beginnt unsere

Stadtwanderung. In ihrer heutigen Form wurde die Kirche um 1500 von Markgraf Ludovico II. in Auftrag gegeben. Bereits die Westfassade fällt durch drei große verzierte Portale auf. Im Tympanon des mittleren finden wir das verwitterte Fresko der Himmelfahrt Mariens. Das Holzkreuz von 1400 und die Tafeln des ehemaligen Hochaltars, gemalt vom Niederländer Hans Clemer, sind besonders beachtenswert. Nach der Besichtigung überqueren wir den **Corso Italia** und

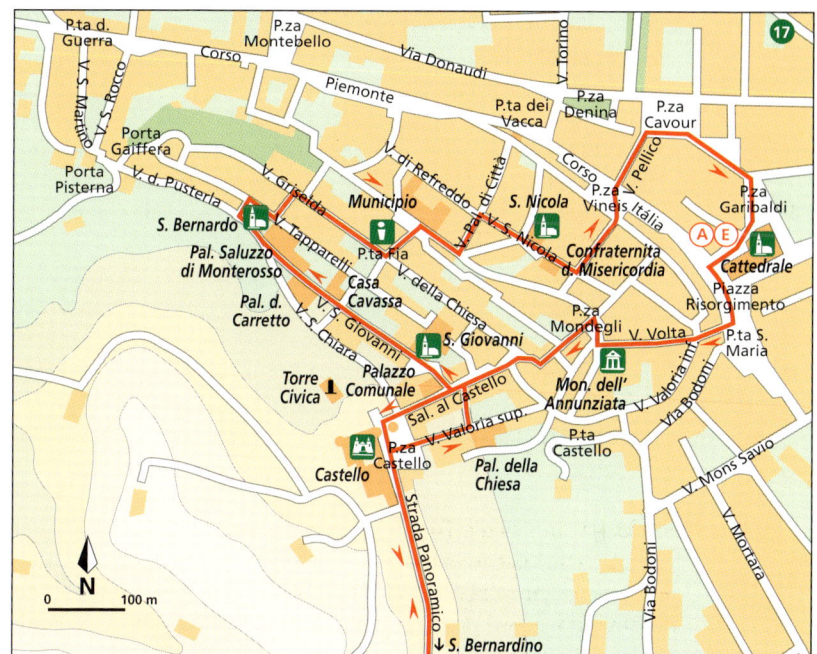

gehen unter den Arkaden, den **Portici** nach links zur **Porta Santa Maria** mit ihrer freskierten Kuppel. Hier in der Unterstadt spürt man das geschäftige Leben der Stadt, die vielen Geschäfte laden zum Bummeln ein. Wir wandern durch das **Stadttor** in den verkehrsberuhigten ältesten Teil der Stadt. Über eine kleine Abbiegung nach links kommen wir in die **Via Volta**, mit den verwitterten **Porti Sur**, den ältesten Arkaden der Stadt, unter denen samstags ein Bauerngemüsemarkt abgehalten wird.

Wer sich für hochwertige antike Möbel interessiert, sollte die Nationale Möbelmesse von Saluzzo im September besuchen.

Die engen Gassen, in die nur zur Mittagszeit ein paar Sonnenstrahlen etwas Licht und Wärme bringen, lassen einen Hauch von mittelalterlicher Atmosphäre spüren. Vor allem am Abend ist das ein guter Platz, um das stimmungsvolle Ambiente zu genießen, das die Mauern ausstrahlen. Die **Via Volta** steigt leicht an. An ihrem Ende liegt der ziegelrote Bau des ehemaligen Klosters **Monastero dell'Annunziata**, heute Sitz der Stadtbibliothek und einer Musikschule. Hier halten wir uns rechts und erreichen die romantische **Piazza Mondagli**. An dieser Adresse wurde 1789 der Schriftsteller Silvio Pellico geboren.

17

An der Piazza gehen wir die Stufen zur **Osteria Mondagli** hinauf und steigen in der Gasse rechts davon weiter die Treppen empor. Oben kommen wir über einen Rechts-Linksknick auf die **Salitta del Castello**, die Prachtstraße Saluzzos. Vornehme Paläste und Villen, jede in anderen Farbtönen bemalt und reich verziert mit Bögen, Loggien, Lauben, Terracottafriese und Sonnenuhren säumen den Weg. Hervorzuheben sind der **Palazzo della Chiesa**, der 1462 erbaute **Palazzo Comunale** mit einer bemalten Kassettendecke im Sitzungssaal und der **Torre Civica**, der gegen Gebühr bestiegen werden kann. Nach dem Palazzo Comunale steht der **Palazzo delle Arti Liberi**. Bezaubernd sind seine Grisaillemalereien und die mit Friesen verzierten Kreuzbogenfenster. Den Abschluss der Straße bildet **die Piazza del Castello** mit dem **Brunnen della Drancia**. Mit einer Tasse Cappuccino auf der Terasse des nahen Cafés Castiglia lässt sich das Panorama der Stadt genießen.

Vom ursprünglichen **Castello dei Marchesi di Saluzzo** ist wenig Originales zu sehen. Hinter den dicken Befestigungsmauern befand sich ein Gefängnis, das Gebäude ist völlig umgebaut. Von der **Piazza Castello** machen wir einen Abstecher links entlang der **Strada Panoramica** zur Kirche **S. Bernardino**. Das Gotteshaus wurde im 17. Jh. neu gestaltet und innen mit illusionistischen Fresken über das Leben des hl. Bernardino von G. D. Rosso und P. Pozzi geschmückt.

Mit schöner Aussicht auf die Altstadt und die modernen Häuser der Unterstadt gehen wir zur **Piazza Castello** zurück und biegen vor der **Salita al Castello** rechts in die **Via Valoria** zur Karmeliterschule mit dem **Palazzo della Chiesa**. Die Grisaillemalereien im Innenhof erzählen die Geschichte Davids aus dem Alten Testament. Am Palast steigen wir über die romantische **Salita Malacarne** wieder zur **Salita al Castello** hinauf und überqueren sie, um geradeaus in die kleine **Via S. Giovanni** zu gelangen. Gleich darauf wei-

Tipp

Die eher schlichte Fassade der Kirche **S. Giovanni** und ihr wuchtiger Glockenturm lassen nichts von den Kunstwerken im Inneren erahnen. Über ein paar Stufen steigt man in die dreischiffige Basilika. Die kürzlich wieder entdeckten Fresken von Pietro di Saluzzo aus dem 15. Jh. werden noch einige Jahre Restaurierung benötigen. Im linken Seitenaltar befindet sich eine Schutzmantelmadonna, unter deren Mantel Tommaso III., Marguerite de Roussy und der ganze Hofstaat Zuflucht finden. Sie stammt vom gotischen Hochaltar, der 1535 von Pascale Oddone gefertigt wurde. Der Chorraum stammt aus gotischer Zeit. Mit Spitzbögen, Krabben, Türmchen und Flamboyantmaßwerk ist das 1508 von B. Briosco geschaffene Grab von Ludovico II. verziert. Die Grabnische gegenüber war für Marguerite de Foix bestimmt; sie starb entmachtet und fern von Saluzzo, daher blieb das Grab leer.

17

tet sich die Gasse und wir stehen auf einem mit Brunnen geschmückten Platz vor der romanischen Kirche **S. Giovanni**. Östlich ist dem Kirchenschiff der schattige Kreuzgang angegliedert.

Der **Via S. Giovanni** folgen wir weiter zum ehemaligen Stadthaus der **Familie Cavassa**, in dem heute das Stadtmuseum untergebracht ist. Durch seine Hanglage wurde es bereits im 15 Jh. über sechs Stockwerke errichtet, ein herrliches Beispiel eines sorgfältig restaurierten Adelspalastes der Renaissance. Bereits an dem mit Schnitzereien versehenen Eingangsportal entdecken wir das Familienwappen mit dem Leitspruch »Droit quoy qu'il soit«. Es ist ein Lachs, der gegen die Strömung schwimmt, der Satz wird übersetzt mit »Geradeaus, was immer da sei«. Hinter dem Eingangsportal öffnet sich aus dem mit Lauben und Loggien abgesetzten Arkadenhof ein weiter Blick über das Tal und über die Dächer der Stadt bis in die Poebene. In den freskierten Sälen werden Möbel, Gemälde und Gebrauchsgegenstände der letzten Jahrhunderte gezeigt.

Wir gehen etwas weiter der Straße nach und passieren den **Palazzo dei Marchesi del Caretto**. So kommen wir zur Backsteinkirche **S. Bernardo** an der gleichnamigen **Piazzetta**. An der Kirche wenden wir uns rechts bergab und kommen durch Torbögen zur **Via Griselda**, der wir nach rechts folgen. Nach dem **Palazzo Solaro di Monasterolo**, in dem das Verkehrsbüro untergebracht ist, biegen wir links bis zur ehemaligen Jesuitenkirche mit dem angrenzenden **Palazzo Comunale** ab. An der Kirche halten wir uns rechts und gehen über die **Piazzetta degli Alpini** in die **Via del Palazzo di Città**. In die nächste Querstraße, **Via S. Nicola**, biegen wir rechts ein und kommen zwischen den Kirchen **Croce Nera**, die in barockem Stil nach einem Entwurf von Guarini erbaut wurde und **S. Nicola** bis zur **Via Gualtieri**, auf der wir uns nach links wenden. An der **Piazza Vineis** mit dem Denkmal für **Silvio Pellico** treffen wir auf den belebten **Corso d'Italia** und sind somit wieder in der Unterstadt.

Wir überqueren den Corso und wandern geradeaus in die von Laubengängen gesäumte **Via S. Pellico**, die sich zur **Piazza Cavour** hin weitet. Unter den Lauben befinden sich die meisten Geschäfte der Stadt. An der Piazza Cavour halten wir uns rechts und kommen über die **Via Garibaldi** und **Via Martiri di Liberazione** zurück zur **Kathedrale**.

Im oberen Po-Tal westlich von → Saluzzo kann man bei Pian del Re zur Po-Quelle wandern.

18

Von Saluzzo nach Manta

Zum Jungbrunnen der Liebe:
Saluzzo – Manta   Karte: A5

leicht

6,5 km

2 Std.

ja

Tourencharakter: Rundwanderweg auf meist unbefahrenen, kleinen Wegen von der Stadt der Savoyer zum Castello di Manta mit seinen frivolen Malereien.
Beste Jahreszeit: Ganzjährig, im Castello di Manta Montag Ruhetag, über Mittag geschlossen.
Ausgangsort: Saluzzo, 48 km westlich von Alba.
Endpunkt: Saluzzo.
Wanderkarte: Istituto Geografico Centrale/Torino Nr. 24.
Markierung: Keine.
Verkehrsanbindung: Bahn: stündlich von Turin mit Umsteigen in Savigliano, Bus: aus vielen Orten der Umgebung.
Einkehr: Saluzzo: Restaurant/Hotel Perpoin, Via Spielberg 19,

Tel. 0175/4 25 52; Restaurant Corona Grossa, Via Silvio Pellico 3, piemontesische Gerichte, je nach Saison mit Pilzen und Maronen der nahen Alpen verfeinert, genießt man in Räumen aus der Jahrhundertwende. Manta: Hotel/Restaurant Osteria il Torchio, Laghi di Avigliana 171, Tel. 0175/8 81 74.
Unterkunft: Saluzzo: Hotel Griselda, Corso XXVII Aprile 13, Tel. 0175/4 74 84, modernes Hotel im Stadtzentrum. Manta: Agriturismo La Camelie Via Collina 4, Tel. 0175/8 54 22; Agriturismo Il Galletto Via Collina 8, Tel. 0175/8 81 03.
Tourist-Info: Saluzzo: APT del Saluzzese Via Griselda 8, Tel. 0175/24 03 52; Castello di Manta: Tel. 0175/8 78 22.

Um den vor über 600 Jahren entstandenen erotischen Jungbrunnen zu bestaunen, wandert man auf alten Wegen zwischen Weinbergen und Wäldern auf die Burg → **Manta**. Die Fresken im Schloss gehören zu den schönsten Bildern der europäischen höfischen Gotik, ein einmaliges Dokument dieser Zeit.

Obstbäume beim Schloss von Manta

Der Wegverlauf

Wir verlassen **Saluzzo** von der **Piazza Castello** mit dem Brunnen **della Drancia** auf der **Via S. Bernardino**. Gleich hinter dem Schloss biegen wir rechts ab und folgen dem Schild in Richtung **S. Lorenzo** bergauf. Die Teerstraße führt zwischen herrschaftlichen, in großzügigen Parks gelegenen Villen nach insgesamt knapp 1,5 km zum höchsten Punkt

des Hügels. Tief unten liegt das Tal des Stura di Demonte und dahinter die weite Po-Ebene. Bald endet die Teerstraße, wir wandern weiter geradeaus und sehen kurz darauf die Burg von Manta unter uns. An einer T-Kreuzung wenden wir uns nach rechts (Schild **Pilone Botta**), passieren ein einzeln stehendes Haus und kommen schließlich zu einem Wäldchen mit dem Bildstock **Pilone Botta**. Hier gabelt sich der Weg, wir bleiben rechts und wandern immer auf dem Hauptweg bleibend durch den Wald. Der Boden ist stellenweise sandig und dann wieder dicht mit Laub bedeckt.

Durch einen Hohlweg geht es leicht aufwärts, bei einem verwitterten Schild mit der Aufschrift **Zona d'alpinisti** teilt sich der Weg. Diesmal halten wir uns links und passieren das einsam auf den Hügelkamm gebaute Haus **Isola Candida**. Kurz danach teilt sich der Weg erneut. Jetzt gehen wir wieder ganz nach rechts und wandern bergab an den schönen **Agriturismi Le Camelie** und **Il Galletto** vorbei. Bald wird der Weg zu einer geteerten Straße, auf der wir direkt das Eingangstor des → **Castello di Manta** erreichen. Vom Tor zur Burg sind es nur noch wenige hundert Meter den Hügel hinauf. Für den Rückweg nach **Saluzzo** gehen wir vom Burgtor nach **Manta** hinein. Die **Piazza G. Mazzini** mit der Dorfkirche überqueren wir und gelangen beinahe geradeaus in die **Via Saluzzo**, dann kommen wir zwischen den Häusern hindurch, passieren eine **kleine Kapelle** auf der rechten Seite. Dann gehen wir weiter geradeaus in die kleinere Straße und biegen nach knapp 150 m links in die **Via S. Bernardino** ein.

Durch Obstgärten und an pompösen Villen vorbei schlendern wir auf halber Höhe am Hügel entlang, passieren die Kapelle **S. Grato** und treffen anschließend an der Kirche **S. Bernardino** auf die **Strada Panoramica di Saluzzo**. Auf ihr wandern wir weiter mit herrlichem Blick auf die Türme von Saluzzo zurück zur **Piazza Castello**.

19 Von Barolo nach Monforte d'Alba

Wo die Weingötter auf Erden leben: Barolo – Monforte d'Alba – Novello – Barolo

Karten: D5

 mittel

 13 km

 4 Std.

 ja

Tourencharakter: Gut ausgeschilderter Rundweg zu den drei bekanntesten Weindörfern der Langhe.
Beste Jahreszeit: Ganzjährig, am schönsten im Spätherbst, viele Touristen ab Mitte September bis November.
Ausgangsort: Barolo, 15 km süd-westlich von Alba.
Endpunkt: Barolo.
Wanderkarte: Istituto Geografico Centrale/Torino Nr. 18.
Markierung: Rotweiße Markierung.
Verkehrsanbindung: Bus: 3 x täglich Mo.–Fr. von Alba nach Barolo.
Einkehr: Barolo: Restaurant Locanda nel Borgo Antico, Piazza Municipio 2. Monforte d'Alba: Restaurant Trattoria della Posta, Piazza XX. Settembre, existiert seit 1875; Restaurant/Hotel da Felicin, Via Val-

lada 18, Tel. 0173/7 82 25, mit romantisch blumengeschmücktem Garten. Novello: Restaurant/Hotel Barbabuc, Via Giordano 35, Tel. 0173/73 12 98, sowohl die Küche wie die Zimmer sind wärmstens zu empfehlen.
Unterkunft: Barolo: Agriturismo Il Gioco dell'Oca, Via Crosia 46, Tel. 0173/5 62 06, in einem restaurierten Bauernhof; Bed&Breackfast Vicolo del Pozzo, Vicolo del Pozzo 2, Tel. 0173/5 61 82, preiswert. Monforte d'Alba: Hotel Villa Beccaris, Via Bava Beccaris 1, Tel. 0173/7 81 58, eines der ersten Häuser im Barolo-Gebiet. Novello: Hotel/Restaurant Al Castello, Piazza G. Marconi 4, Tel. 0173/74 40 11, neugotisches, herrlich kitschiges Schloss.
Tourist-Info: Enoteca regionale del Barolo, Piazza Falletti Tel. 0173/5 62 77.

→ **Barolo** – der Name verspricht exzellenten Rotwein. → **Monforte** bietet neben herrlicher Aussicht und malerischen Gassen so manches exquisite Restaurant, → **Novello** hat von allem etwas. Unser Weg verbindet diese drei Höhepunkte des Barololandes.

Der Wegverlauf

Man verlässt **Barolo** von der **Piazza Caduti della Libertà** über die **Vicolo del Pozzo** und biegt links in die **Via E. Ghisolfi** ein. Am Ende der Teerstraße geht man rechts über einen kleinen Bach und dann links immer dem hölzernen Schild »Sentiero di Barolo« nach. An einem Weinberg mündet der enge Waldpfad auf einen Feldweg, auf dem wir rechts über die Flanke eines Hügels zum Weingut Cascina Boschetti wandern. Daran vorbei geht es bergab zum **Weiler S. Giovanni** und zur Teerstraße. Ihr folgen wir ca. 150 m nach rechts und biegen links in einen Waldweg ein. Wir wandern in einem fast zugewachsenen **Hohlweg**, der unterhalb der **Cascina Bettola** endet. In die Teerstraße biegt man links ein, passiert mit schöner Sicht auf → **Perno** und → **Serralunga d'Alba** ein paar Häuser. Der Hauptstraße an der Wegkapelle **Sette Vie** folgt man links ins Zentrum von **Monforte d'Alba** (1:30 Std.).

Familie Alessandria, die Besitzer des Hofes am Bricco Boschetti freuen sich über jeden Besuch. Gerne darf man ihnen bei der Arbeit zusehen und Fragen stellen.

19

Der Rückweg nach **Barolo** führt bis kurz vor die **Cascina Bettola**. Diesmal bleibt man auf der Teerstraße und wandert bergab. In einer Kurve kurz vor der **Cascina Zolfo** zweigt links der markierte Wanderweg über ein Feld ab. Er führt zur **Provinzstraße** Monforte – Barolo, ihr folgt man kurz nach rechts, biegt am Schild **Panerole** links ab und geht weiter bis zum ersten Haus. Dort geht es rechts auf einen Feldweg, fast parallel zur Autostraße.

Auf diese stoßen wir nach einem kurzen Stück erneut. Nun folgen wir ihr für wenige Meter nach links zu einem Haus, am Ende des Zaunes geht es erneut links in einen Feldweg um einen Hügel herum. An einem **Ciabot** mündet der Weg in eine kleinere Straße, vor uns liegt **Barolo** mit seinem Schloss. Wir wandern nach links an der **Cascina Foglio** vorbei, gehen geradeaus die Teerstraße entlang bis zur Vorfahrtsstraße bei einer pompösen Villa und von dort links in den Ortskern von **Novello** (3 Std.).

Das berühmte Schloss liegt am anderen Ende des Dorfes. Zurück geht es auf dem gleichen Weg zur **Cascina Foglio** und dann links auf einem Feldweg (**Strada vecchia Ravera**) nach Barolo hinab.

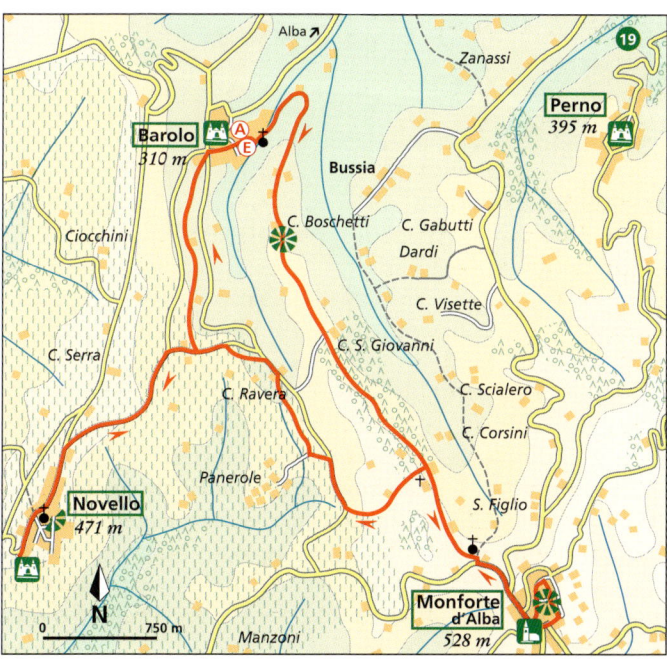

20

Um Diano d'Alba

Im Land des roten Goldes: Diano d'Alba – Carzello –
I Gatti – Diano d'Alba

Karte: D5

leicht

7 km

2 Std.

ja

Tourencharakter: Rundweg auf geteerten Nebenstraßen mit weiter Sicht über die Langhe und ihre Burgen.
Beste Jahreszeit: Ganzjährig, aber kein Schatten.
Ausgangsort: Diano d'Alba, 8 km südlich von Alba.
Endpunkt: Diano d'Alba.
Wanderkarte: Istituto Geografico Centrale/Torino Nr. 18.
Markierung: Keine.
Verkehrsanbindung: Bus: 3 x täglich von Alba, Linea Alba-Bossolasco.

Einkehr: Unterwegs keine, Diano d'Alba: Hotel/Restaurant Ai Tardi, Via S. Sebastiano 81, Tel. 0173/6 94 03; Café und Trattoria Locanda Battista, Piazza Trento e Trieste.
Unterkunft: Diano d'Alba: Agriturismo Castella di Simone, Via Alba 18, Tel. 0173/6 91 70; Bed & Breakfast Locanda Battista, Via Marconi 11, Tel. 0173/46 80 11.
Tourist-Info: Municipio/Rathaus von Diano d´Alba, Via Umberto I. 22, Tel. 0173/6 92 35.

Nicht nur wegen seiner prämierten → **Weine**, dem Dolcetto und dem Barolo, ist → **Diano d'Alba** in aller Munde, Kenner schätzen es auch als idealen Ausgangspunkt für Ausflüge und Wanderungen in die Langhe.

Der Wegverlauf

Von Diano d'Alba aus sollte man das benachbarte Castello di → Grinzano Cavour besuchen.

Wir parken auf der **Piazza Trento e Trieste** im Zentrum von **Diano d'Alba** und spazieren zur **Pfarrkirche** hinauf. Hier halten wir uns rechts, steigen ein paar Treppen tiefer und bleiben dann in der Höhe des **Rathauses** neben der Kirche. Hier stehen wir auf einem Aussichtsbalkon, der uns über das Tal des Cherasea bis weit in den Osten der Langhe schauen lässt. Um das **Rathaus** herum erreichen wir den Ortskern und folgen rechts der **Via Umberto I**. Sie führt zuerst bergab und steigt nach der Wegkreuzung (geradeaus queren) wieder an.

An der nächsten Gabelung gehen wir nochmals geradeaus und passieren die **Kapelle S. Sebastiano**. Den schönen alten und auch den gewagten modernen Häusern, an denen wir vorbeiwandern, sieht man deutlich an, welchen Reichtum das rote Gold Barolo bringt. An der Wegkreuzung biegen wir links in die **Via Tarditi** und stoßen

auf eine Hauptstraße. Et-
was links versetzt folgen
wir den Schildern **Grinzane Cavour** und **Valle Talloria**. 150 m später, nach der
zweiten Leitplanke, geht
es rechts in einen Feldweg
und an der ersten Lücke
zwischen den Weinfel-
dern steil bergab. Die Autostraße queren wir gera-
deaus in die **Via Carzello.**
Unser Blick schweift hier
über unzählige Hügelket-

ten, die von Burgen und Dörfern, wie → **Grinzane Cavour,** →   *Weingärten*
Roddi, → **la Morra** oder → **Verduno** gekrönt sind, bis zur Kette   *bei Diano*
der Alpen im Westen. Bergab wandern wir durch den **Weiler Car-**   *d'Alba*
zello und achten nach einigen Kurven am Ende der Bebauung auf
auffällige Strom- und Telefonmasten, unter die ein Künstler ein
schmiedeeisernes Pferd gestellt hat. Hier biegen wir links in die
Via S. Croce Borgata Tesorea und laufen zwischen Haselnuss-
plantagen und Weinbergen unterhalb von Diano d´Alba Richtung
Süden. Wir spazieren durch die Innenhöfe zweier Weinbauern,
bleiben aber weiter auf dem geteerten Weg.
Bei **Cascina i Gatti** mündet er in eine Vorfahrtsstraße, auf der wir
nach links bergauf unseren Heimweg antreten. Diano d'Alba haben wir stets vor Augen. Knapp 100 m vor
der großen Hauptstraße biegen wir an der
Cantina Produttori Dianesi rechts ab und
wandern auf der rechten Seite des eingezäunten Hauses auf einem Feldweg über
einige Felder und an Pfirsichbäumen vorbei zum **Agriturismo Castella Simone** mit
seinen Reitställen. Hier treffen wir auf eine
Teerstraße und kreuzen sie linksversetzt in
die **Via Regina Margherita**. Über die **Via
Cisterna** (rechts abbiegen) erreichen wir
die **Piazza Trento e Trieste**, unseren Ausgangspunkt.

Special

Über **Diano d'Alba,** das strategisch günstig auf einer Hügelkuppe liegt, hatte die Stadt Alba
im Mittelalter eine große Festung
errichtet. Sie sollte als Vorposten
gegen die immer wieder aus dem
Süden vordringenden Feinde dienen. Als die Savoyer versuchten,
die Langhe zu unterwerfen, leis-
tete die Burg Diano d'Alba erbit-
tert Widerstand. Erst im Jahr
1631 wurden ihre Mauern ge-
brochen, die Festung eingenommen und anschließend so gründ-
lich dem Erdboden gleichge-
macht, dass heute kaum noch
Spuren zu finden sind.

21

Von Serralunga d'Alba nach Perno

Zum Essen bei Pia und Emanuelle Lo Gioco: Serralunga d'Alba –
Perno-Castelletto Monforte – Serralunga d'Alba   Karten: D5

 mittel

 11 km

 3½ Std.

 ja

Tourencharakter: Rundweg auf überwiegend ungeteerten Feldwegen zwischen den Burgen Perno und Serralunga im Barologebiet.
Beste Jahreszeit: Ganzjährig möglich, nach Regen an manchen Stellen schwierig, am schönsten zur Weinlaubfärbung Ende Oktober.
Ausgangsort: Serralunga d'Alba, 14 km südlich von Alba.
Endpunkt: Serralunga d'Alba.
Wanderkarte: Istituto Geografico Centrale/Torino Nr. 18.
Markierung: Zum Teil rote tropfenförmige Punkte und rotweiß gestreifte Markierung.

Verkehrsanbindung: Bus: wochentags 3 x täglich von Alba, Linie Alba-Serralunga-Monforte.
Einkehr: Perno: Restaurant Rosto'd Pern Sas, Vic. Cavour 5. Serralunga d'Alba: Trattoria del Castello, Via Baudana 63; Bar/Café Centro Storico, Piazza Umberto I; Ristorante Italia, Piazza Cappellano 4, Tel. 0173/61 31 24.
Unterkunft: Serralunga d'Alba, Pension Italia, Piazza M. Cappellano 3a, Tel. 0173/61 31 24.
Tourist-Info: Serralunga d'Alba: Bottega del Vino, Via Foglio 1, Tel. 0173/61 35 28.

Das Barolo-Weinanbaugebiet und seine Dörfer sind weltbekannt. Besonders im Herbst fallen Touristenbusse, Feinschmecker und Weinkenner ein. Dennoch findet der Wanderer abseits der großen Routen ruhige und beschauliche Natur, unverdorbene Lebensart und die ursprüngliche Originalität des Landes.

Castiglione Faletto mit seiner Burg

Der Wegverlauf

Wir stellen das Auto in **Serralunga d'Alba** auf der **Piazza Cappellano** ab und wandern auf der **Via XX. Settembre** Richtung Nor-

den. Nach ca. 100 m biegen wir links zwischen die Häuser ab (Schild **Garombo)** und wandern abwärts. Die Teerstraße endet bei ein paar Gehöften von Weinbauern. Dort wenden wir uns bei Haus 14 nach rechts und folgen der **roten Markierung** zwischen den Rebstöcken abwärts. Vor uns liegt die Burg Castiglione Falletto inmitten ihres mittelalterlichen Festungsdorfes über einem Weinberg, auf dem die besten Barolosorten der Langhe wachsen. Von unserem Weg führen mehrere Abzweigungen rechts und links ab, wir lassen uns abwärts immer von der Markierung führen und erreichen so über ein paar Kehren das Tal. Der Weg wird schlechter und zunehmend von Gras überwachsen.

Am Wegende im Tal wenden wir uns nach rechts und kurz darauf wieder links über eine Brücke. Auf ihr überqueren wir den **Talloria di Castiglione** und stoßen auf eine Teerstraße, der wir für ca. 300 m nach links folgen. An einem **Bildstock aus Backstein** neben dem Weg biegen wir rechts in die kleine geteerte Straße und marschieren zu den Häusern des Ortsteils **Disa** hinauf. Ein paar Serpentinen machen den steilen Aufstieg erträglich. Am letzten Haus von **Disa** endet der breite Weg. Ein steiler, schmaler Feldweg führt durch einen Weingarten fast in der Falllinie zu einem Wäldchen hinauf. Oben im Wald halten wir uns rechts und marschieren durch ein dichtes Wäldchen. Die wenigen Spuren am Boden deuten an, dass hier fast nur Trüffelsucher mit ihren Hunden unterwegs sind. Der Weg wird flacher, wir passieren einige Obstwiesen und Haselnussgärten und sehen bereits rechts den **Ort Perno** mit seinem Schloss über einem tiefen Abgrund. Am Ortsrand von **Perno**, bei einer Kapelle, treffen wir auf eine geteerte Straße. Hier liegt an der Ecke das Restaurant **Rosto d'Pern Sas** von Pia und Emanuelle Lo Gioco. In

Die Burg von Serralunga mit ihrem hohen Turm ist die einzige bis heute weitgehend unverändert gebliebene Wehranlage der Langhe.

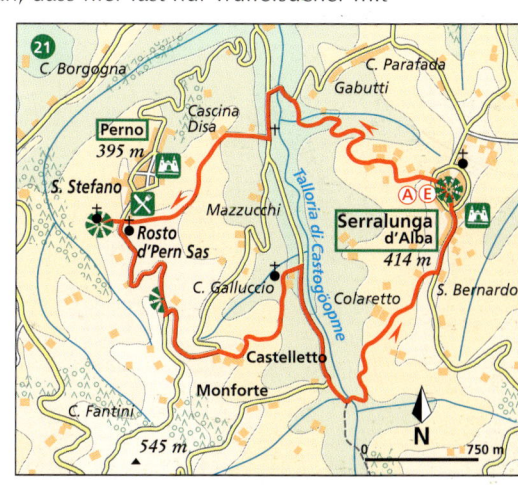

Das Schloss von Perno

seinem Garten können wir uns nach Lust und Laune verwöhnen lassen (1:30 Std.).

Wer jetzt noch über Kräftereserven verfügt, holt sich vor dem Essen im Restaurant den Schlüssel für das nahe gelegene romanische **Kirchlein S. Stefano** (ca. 0:20 Std. hin und zurück). Die ehem. Friedhofskirche aus dem 12. Jh. ist ein herausragendes Beispiel mittelalterlicher Baukunst. Aber allein schon der Fernblick über die Hügel der Langhe zu den Westalpen macht diesen kurzen Abstecher lohnenswert. Den Rückweg nach Serralunga treten wir vom Restaurant **Rosto 'd Pern Sas** aus an und wandern auf der geteerten Straße Richtung Süden aus dem Ort. Rechts blicken wir noch einmal auf die Kapelle S. Stefano und den dahinter aufragenden Monviso.

Die Straße steigt an, nach 1,2 km erreichen wir an einem Hügelkamm eine weitere Teerstraße, auf der wir nach links Richtung **Castelletto** gehen. Nun führt unsere Straße bergab, nach einem weiteren Kilometer biegen wir rechts in den geschotterten Weg (Schild **Chiesa della Madonna Assunta)** zu einem Ortsteil von **Castelletto** ein.

Wir wandern immer noch abwärts, eine Linkskurve führt uns um einen Bauernhof herum. Vor uns steht die einsame Kirche **Madonna Assunta** mit ihren wertvollen Fresken aus dem 14. Jh. Hier endet unsere bequeme Straße, unmittelbar vor der Kirche geht es rechts in den kleineren Weg, der unterhalb der **Azienda Podere Rocche dei Manzoni** ins Tal führt. Im Talboden treffen wir auf

21

Tipp

Pia und Emanuele Lo Gioco, die Köche des Restaurants Rosto 'd Pern Sas in Perno, werden als Geheimtipp gehandelt. In winzigen urgemütlichen Räumlichkeiten servieren sie traditionelle Gerichte zu unglaublich günstigen Preisen. Pia kocht vorwiegend mit biologisch angebautem Obst und Gemüse, das ihr spezialisierte Bauern täglich frisch am Morgen liefern. Das verwendete Fleisch stammt ebenfalls aus kontrollierten Betrieben der Umgebung. Alle Nudelsorten sind hausgemacht, dazu beispielsweise ihre Taljarin con Sugo Salsice e Pomodoro (eine Tomatensoße mit würzigen Würstchen) – ein Traum! Verschiedene Vorspeisen z. B. eine Composta di Cipolle rosse, Hauptgerichte und natürlich eine süße Nachspeise, wie Mattone runden jedes Menü ab. Das Schöne und in Italien gar nicht so Übliche ist, dass die freundlichen Lo Giocos Wanderer mit einzelnen Tellergerichten oder kleinen Zwischenmahlzeiten bekochen, wenn denen ein ganzes Menü zu viel ist oder zu lange dauert.

einen größeren Feldweg und wandern auf ihm parallel zum Bach **Talloria Castiglione** nach rechts.

Nach knapp 500 m können wir ihn an einer Furt mit einem kleinen Sprung überqueren. Wenn es allerdings vorher gerade stark geregnet hat, hilft hier nur, dass man Schuhe und Strümpfe auszieht, um den Bach zu durchwaten. Die Stelle ist an den **rotweiß gestreiften Markierungen** leicht zu erkennen. Auf der anderen Seite angekommen müssen wir für die nächsten 50 m Pfadfinder spielen, denn der Weg ist kaum mehr sichtbar. Am einfachsten durchqueren wir das vor uns liegende lichte Pappelwäldchen geradeaus und wenden uns an seinem Ende unterhalb der Böschung aus Sträuchern und Gestrüpp nach links. Nach wenigen Schritten wandern wir bereits wieder auf einem Weg, allerdings ist er hier sehr schlecht. Der **rotweißen Markierung** nach wandern wir durch die Weinfelder im steilen Zick-Zack aufwärts. An der **Cascina Collaretto** treffen wir auf eine geteerte Straße, sie führt uns für die nächsten 500 m rechts bergauf. Vor uns liegt **Serralunga** mit seiner mittelalterlichen Burg. Genau am Ortsschild treffen wir auf die große Provinzstraße, auf der wir nach links zurück zum Zentrum gehen.

In Serralunga trinkt man den Barolo Chinato, gewonnen aus Barolo-Wein, Gewürzen und Chinarinde. Früher nur Medizin, wird er heute gerne als Digestif genommen.

Die Kirche Madonna Assunta von Castelletto

22

Acqui Terme

Zum Wunderwasser der Römer:
Acqui – Lussito – Ovrano – Acqui   Karten: G5

leicht

8,5 km

2½ Std.

☺ ja

Tourencharakter: Rundweg vom Zentrum des Kurortes aus in die angrenzenden Hügel.
Beste Jahreszeit: Ganzjährig, Hauptkursaison von April bis Oktober.
Ausgangsort: Acqui Terme, 48 km südöstlich von Asti.
Endpunkt: Acqui Terme.
Wanderkarte: Istituto Geografico Centrale/Torino Nr. 19.
Markierung: Zum Teil rote/gelbe Pfeile.
Verkehrsanbindung: Bahn: von Asti wochentags 6 x, Wochenende 2 x, von Alessandria 5 x täglich, Bus: 2 x am Tag aus Asti und Alba sowie von vielen Orten der Umgebung.
Einkehr: Acqui Terme: Restaurant Antica Osteria da Bigat, Via Mazzini 30, seit der Gründung 1885 zur Institution geworden, Spezialität Farinatta aus Kichererbsenmehl und Stockfisch; Restaurant La Curia, Via Alla Bollente 72, urgemütlich in altem Gewölbe; Eisdiele Canelin, Viale Antiche Terme 16, die beste Sorte ist Torroncino; Konditorei Bellati, Piazza S. Francesco, Spezialität: Ciccolatino del Brentau.
Unterkunft: Acqui Terme: Hotel Rondo, Viale Acquedotto Romano 44, Tel. 0144/32 28 89; Hotel Ariston, Piazza Matteotti 13, Tel. 0144/32 29 96 modernes Haus; Hotel Talice Radicati, Piazza S. Guido, Tel. 0144/32 86 11.
Tourist-Info: Acqui Terme, Ufficio Turismo e Enoteca regionale, Piazza Levi 7 Tel. 0144/7 70 27 34.

An der Brücke Ponte Carlo Alberto befinden sich Überreste der römischen Wasserleitung; das herbeigebrachte Wasser diente zur Kühlung der Thermalquelle.

Bereits im Altertum war → **Acqui Terme** für sein heilendes Wasser berühmt. Noch heute gehört es zu den führenden Kurorten Italiens; man verspürt allenthalben mondänes, bereits mediterranes Flair.

Der Wegverlauf

Wir parken in **Acqui Terme** auf der **Piazza Addolorata** an der Basilika S. Pietro, gehen durch die **Via Mazzini** ins Zentrum, kreuzen die **Piazzetta della Lega Lombardia** und biegen rechts in den **Corso d'Italia**. Die **Piazza Italia** überqueren wir und wandern auf dem **Corso Bagni** weiter. Nach der Eisenbahn überqueren wir den **Bórmidia** auf der **Ponte Carlo Alberto**, biegen am Kreisverkehr links ab, gehen am Freibad entlang und neh-

Special

Die Quelle **La Bollente** (die Kochende), die inmitten der Stadt auf einer platzähnlichen Erweiterung der Via G. Saracco entspringt, kündigt sich schon von weitem durch Dampf und heftigen Schwefelgeruch an. Das Brunnenhaus ist einem römischen Badehaus nachempfunden, weil man 1896 entdeckt hat, dass im Boden die Reste eines antiken Bades mit schönen Mosaikfußböden verborgen liegen. Die Ausgrabungen gehen auf Grund beschränkter finanzieller Mittel nur äußerst schleppend voran, so dass diese Zeugnisse römischer Badekultur bis heute nicht zugänglich sind.

men die nächste Straße rechts. An der **Antiche Terme** und dem **Hotel Regina** vorbei folgen wir dem Schild **Lusitto** aufwärts. In der Serpentine gehen wir links in die Straße zum **Hotel Pineta**. Ca. 300 m weiter biegen wir an einer 2 m hohen Mauer rechts in den Fußweg ein (**gelbe/rote Markierung**). Steil bergauf führt der Weg und mündet in **Lusitto** an einem Weinfeld in eine gekieste Straße. Nach knapp 200 m biegen wir links in die Dorfstraße und gehen bei der Straßengabel geradeaus (Strada senza Uscita). Das Kriegerdenkmal bleibt rechts, links steigen wir über ein paar Stufen und durch zwei Gassen zur Kirche **Nostra Signora della Neve**. Dort halten wir uns links, passieren den Friedhof und erreichen an einem großen Haus den höchsten Punkt unseres Weges.

Kurz vor **Ovrano** schickt uns rechts das Schild **Chiesa S. Nazzario e Celso** zu dem Gotteshaus, das einsam in einem Friedhof steht. Von der Steinbank vor dem Kirchlein führen ein paar Stufen abwärts, dann folgt ein Trampelpfad zu zwei Häusern. Unterhalb dieser stoßen wir auf einen Weg. Er führt rechts bergab zu einer Teerstraße, der wir wieder abwärts folgen. Auch an der nächsten Weggabelung halten wir uns rechts, immer

talabwärts Richtung **Acqui**. Parallel zu uns fließt der sich stark windende Bach **Ravanesco**, den wir mehrere Male überqueren.

Wir passieren das **Museo di Shangri-La,** (Privatsammlung alter Gebrauchsgegenstände), treffen nach einer Kurve auf eine etwas breitere Teerstraße und folgen ihr nach rechts. Das schwefelhaltige Wasser der **Quelle Aqua Marcia** riecht man schon von weitem. Durch das Bäderviertel und über die Brücke kommen wir auf dem schon bekannten Weg zum Parkplatz zurück.

Das Brunnenhäuschen »La Bollente« in Acqui Terme

23

Von Cassinasco über Bubbio nach Caffi

Auf und ab im Tal des Bormida: Cassinasco – Monastero
Bormida – Bubbio – Caffi – Cassinasco   Karten: F4

 mittel

 14,5 km

 4½ Std.

 ja

Tourencharakter: Rundwanderweg abseits großer Straßen in das Tal des Bormida

Beste Jahreszeit: Im Frühjahr während der Blüte und im Herbst zur Laubfärbung

Ausgangsort: Cassinasco, 30 km südlich von Asti.

Endpunkt: Cassinasco.

Wanderkarte: Istituto Geografico Centrale/Torino Nr.19.

Markierung: Keine.

Verkehrsanbindung: Bus: 2 x täglich Linie Asti – Canelli – Cassinasco – Bubbio – Monastero Bormida.

Einkehr: Cassinasco: Restaurant dei Caffi, Santuario dei Caffi, vornehm, sehr feine Küche direkt an der Wallfahrtskirche, nur abends geöffnet; Restaurant Mangiaben, hübsches Lokal mit Terrasse. Monastero Bormida: Restaurant I Cacciatori, Via Roma 45. Canelli: Restaurant San Marco, Via Alba 136, Tel. 0141/82 35 44, im Herbst und im Winter gibt es als besondere Spezialität Lammcarré in Barbaresco mit gehobelten Trüffeln.

Unterkunft: Bubbio: Agriturismo La Dogliola, Reg. Infermiera 226, Tel. 0144/8 35 57, romantische Zimmer bei einer hilfsbereiten Winzerfamilie. Canelli: Agriturismo La Luna e i Falo, Reg. Aie 37, Tel. 0141/83 16 43.

Tourist-Info: Bubbio: Rathaus/Municipio di Bubbio, Tel. 0144/81 14.

Der Fluss Bormida prägte die Natur und ihre Bewohner. Im Tal entstanden Handelswege, auf den Hügeln Dörfer als Zufluchtsorte für die Einwohner. Der Weg führt uns über die Höhen mit ihren Sarazenentürmen und befestigten Orten am Fluss zur Wallfahrtskirche S. di Caffi.

Der Wegverlauf

Wir verlassen den Ortskern von → **Cassinasco** und wenden uns an der Provinzstraße Canelli/Bubbio rechts Richtung **Canelli**. Nach ca. 200 m biegen wir an einer **Wegkapelle** rechts ab (**Sessame, Rocchetta P.**). Die Straße teilt sich nach einigen hundert Metern, wir halten uns rechts und folgen dem Schild **Reg. Gibelli**. 300 m weiter gabelt sich der Weg erneut, wieder rechts erreichen wir die **Cascina Sconi**. Auf einem Feldweg, der z. T. durch einen Wald führt, kommen wir zur **Cascina Arnassino**, ab hier folgen wir einer Teerstraße links bergab.

Auf halber Höhe des Hügels wandern wir oberhalb des **Baches Berlin**. Rechts am Hügelkamm steht ein großes rosafarbenes Haus mit flatternden Windspielen. Auf einer **Brücke** überqueren wir den **Bach Berlin**, halten uns an einer **Wegkapelle** links und wandern über ein paar Serpentinen hinunter zu den Häusern von → **Monastero Bormida** (1:15 Std.). Bei der Weggabel kommen wir rechts durch die **Via G. Verdi** zur **Piazza G. Verdi** und gehen links die Gasse hinab in die Altstadt. Wir verlassen Bormida über die **mittelalterliche Brücke** und wandern geradeaus auf der Teerstraße Richtung → **Roccaverano.** Wir passieren einen Friedhof und die kleine Kirche **S. Dominicus** und biegen ca. 400 m nach der Kirche rechts in den ersten Feldweg ein.

Den **Bach Tatorba** queren wir durch eine **Furt** (bei Hochwasser auf Hauptstraße 300 m weiter zu einem Hof, dort rechts über die Brücke und am Gegenufer zurück). Von der Furt wandern wir geradeaus auf einem **Feldweg** steil aufwärts. Dort trifft man auf eine Teerstraße, die rechts auf **Bubbio** zu führt (bei beiden Straßengabeln rechts halten!). Kurz vor Bubbio teilt sich die Straße erneut, man geht geradeaus und quert rechts der **Autobrücke** auf einem Steg den **Fluss Bormida**. Die Hauptstraße führt links ins Zentrum von → **Bubbio** (2:15 Std.). Zurück geht man auf dem gleichen Weg, biegt aber nach ca. 300 m links in die Teerstraße ein (Schild **Reg. Cafra**). Am Sportplatz vorbei durch eine Allee halten wir uns dann an der **Backsteinkapelle Madre delle Divine Grazie** rechts und laufen unterhalb einer **Villa** aufwärts.

Durch einen Wald erreichen wir den Hügelkamm. Nach einer letzten Steigung tauchen die bizarren Kuppeln der Wallfahrtskirche **Caffi/** → **Cassinasco** (4 Std.) auf. Wir biegen in die Teerstraße rechts ein und laufen immer abwärts auf einem Hügelkamm mit herrlicher Sicht nach Norden auf → **Canelli**, das Belbotal, die Bassa Langhe und von Burgen bekrönte Dörfer. Kurz vor → **Cassinasco** überqueren wir die Provinzstraße linksversetzt und gelangen direkt in den Ort.

23

Im nahen S. Stefano Belbo kann man den Geburtsort des Schrittstellers Cesare Pavese besichtigen.

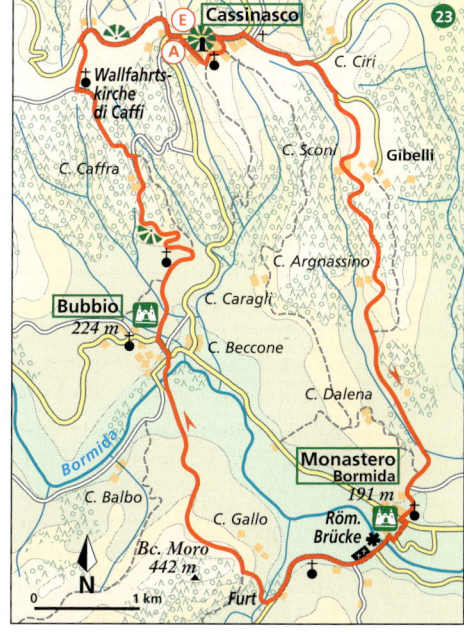

24

Um Roccaverano

Zwischen den Schafen und Ziegen des Robbiolakäses:
Roccaverano – S. Giovanni – Torre Vengore-Roccaverano

Karte: E5

○ leicht

🚶🚶 5,5 km

🕐 2 Std.

☺ ja

Tourencharakter: Rundweg auf geteerten Nebenstraßen ohne große Steigungen mit schöner Aussicht entlang der Hügelkämme zu den wichtigsten Sehenswürdigkeiten

Beste Jahreszeit: Ganzjährig, am schönsten im Frühjahr zur Kräuter- und Wiesenblüte und im Herbst zur Laubfärbung.

Ausgangsort: Roccaverano, 60 km südlich von Asti.

Endpunkt: Roccaverano.

Wanderkarte: Keine.

Markierung: Keine.

Verkehrsanbindung: Bus/Bahn: keine, Bus nur von Asti bis Bubbio, von dort Taxi.

Einkehr: Roccaverano: Restaurant/Pension Aurora, Via Bruno 1, Tel. 0144/9 30 23. Im nahen Olmo Gentile: Restaurant Della Posta, Via Roma 4, im nahen S. Giorgio Sacarampi: Restaurant A testa in giù, Piazza Roma 6.

Unterkunft: Roccaverano: s.o., Cessole: Agriturismo Zabaldano, Reg. Zabaldano, Tel. 0144/8 02 75, gigantische Aussicht, man spricht Deutsch.

Tourist-Info: Roccaverano: Communità Langa Astigiana, Via Roma 8, Tel. 0144/9 32 44.

Die Alta Langhe ist ein einsames Land, in den Steinhäusern von → **Roccaverano** leben nur noch wenige Menschen. Selbst im Sommer verirren sich nur wenig Touristen in diese Gegend. Die wissen jedoch die köstliche Ruhe zu schätzen, sie lieben die abwechslungsreiche Landschaft mit ihren Denkmälern aus Kultur und Geschichte.

Der Wegverlauf

Blick über die Alta Langhe bei Roccaverano auf die ligurischen Seealpen

In **Roccoverano** parken wir das Auto auf der **Piazza Vittorio Emanuele** vor der Kirche S. Maria Assunta und der Burg und wandern die Gasse rechts der Kirche hinunter. Am Ende biegen wir zuerst rechts ab und gehen dann gleich links, dem Schild **Ristorante/Albergo Aurora** nach, durch ein Tor. An diesem einzigen Restaurant des Dorfes gehen wird vorbei, treffen auf eine Vorfahrtsstraße und überqueren sie. Nach nur 60 m halten wir uns am Stoppschild rechts und laufen auf der geteerten Provinzstraße über zwei Serpentinen mit schöner Aussicht auf den südlichen Teil der Langhe abwärts.

Immer auf der Straße bleibend erreicht man den Ortsteil **S. Giovanni** mit der Kirche **S. Giovanni** auf der rechten Straßenseite. Den Schlüssel dazu bekommen wir ein Stück vorher im weißen Haus Nr. 12 auf der linken Seite von Sign. Barbero. Hier machen wir einen Abstecher zum **Torre Vengore,** einem der vielen Sarazenentürme der oberen Langhe und gehen einfach ca. 500 m auf der Straße weiter, links steht dann der hohe Turm. Nach der Besichtigung laufen wir wieder zur Kirche **S. Giovanni** und gehen nochmals ca. 500 m zurück. An der ersten geteerten Straße biegen wir rechts ab und wandern in leichtem Auf und Ab auf einem Panoramaweg mit weiter Aussicht nach Norden weiter. Wir passieren einige Bauernhäuser; dann, unterhalb eines **weißen Hauses,** teilt sich der Weg. Wir nehmen den linken Zweig und gehen den Hügel hinauf und am weißen Haus vorbei.

Bei der Abzweigung nach dem Haus halten wir uns geradeaus und treffen an der renovierungsbedürftigen **Kapelle La Madonna** auf eine größere Vorfahrtstraße. Ihr folgen wir links, bis uns nach ca. 300 m die Schilder **Farmacia** und **Carabinieri** nochmals links in eine kleinere Straße abbiegen lassen. Nach der Polizeistation halten wir uns rechts und gehen dann gleich wieder links verkehrt herum in die Einbahnstraße, die uns direkt an das moderne **Municipio** (Rathaus) im Zentrum zurückbringt.

Die Käserei Caseificio Sociale, Reg. Tassito 7, die den berühmten Robbiola de Roccaverano herstellen und verkauft, kann auch besichtigt werden.

Tipp

Ab dem 10 Jh. beherrschten Araber, damals **Sarazenen** genannt, das Mittelmeer. Auf ihren Beutezügen plünderten sie auch die Dörfer bis weit in das ligurische und piemontesische Hinterland. Um sich vor diesen Überfällen besser zu schützen, hat man auf vielen Hügeln der Oberen Langhe, immer in Sichtweite, die so genannten Sarazenentürme erbaut. Man erkennt sie von weitem, wie mahnende Zeigefinger ragen sie steil in den Himmel. Sie besitzen quadratische Grundrisse und ruhen auf mächtigen Steinfundamenten. Von ihren Schießscharten konnte die gesamte Umgebung bis zum Horizont überwacht werden. Wurde ein eindringender Feind erkannt, so alarmierten Signale die Wachhabenden im nächsten Turm und damit die ganze Umgebung.

25 Um Bergolo

Das Dorf aus Stein:
Bergolo – Bergolo   Karte: E5

 leicht

 6 km

 2 Std.

☺ ja

Tourencharakter: Fast ebene Wanderung auf meist ungeteerten Wegen.
Beste Jahreszeit: Ganzjährig, im Frühjahr seltene Orchideen am Weg.
Ausgangsort: Bergolo, ca. 7 km südlich von Cortemilia hoch oben auf einem Bergrücken.
Endpunkt: Bergolo.
Wanderkarte: Istituto Geografico Centrale/Torino Nr. 18 (nur zur Orientierung, Weg ist nicht eingezeichnet!).

Markierung: Zum Teil rote, tropfenförmige Markierung.
Verkehrsanbindung: Bus: ab Cortemilia 3 x täglich Linie Saliceto und Savona.
Einkehr: Bergolo: Restaurant/Hotel L'Bunet, Via Roma 24, Tel. 0173/8 70 13.
Unterkunft: Bergolo: Bed & Breakfast L'Alveare, Via Roma 20, Tel. 0173/8 72 22.
Tourist-Info: Keine.

Die farbenfrohen modernen Kunstwerke an den Hauswänden von Bergolo haben junge Künstler anlässlich eines Wettbewerbes gegen Kost und Logis geschaffen.

Die Gegend um → **Bergolo** gleicht fast einer alpinen Hochebene, auf der zwischen Pinien und schmalen Wegen die Wanderung verläuft. Für Orchideenkenner ist dieser Rundgang in den Monaten Mai bis Juni ein wahres Eldorado. Er findet seltene Exemplare wie das Zweiblatt, die breitblättrige Sumpfwurz und die Mückenhändelwurz.

Der Wegverlauf

Wir verlassen **Bergolo** vom **Kirchplatz** aus und wandern an der Kirche links die **Via Pezzolo** hinab. Die Teerstraße führt an Terassenfeldern vorbei, deren Stützmauern aus Stein von der unendlichen Arbeit erzählen, die von den Bauern im Lauf der Jahrhun-

Blick auf Bergolo

derte aufgewendet wurde, um die steilen Hänge für die Landwirtschaft nutzbar zu machen. Nach ca. 400 m biegen wir in der ersten **Serpentine** links in den Feldweg ein. Mit schöner Sicht auf das Val Belbo geht es um den Hügel herum und dann leicht bergab durch einen Wald. Wir erreichen die **Cascina Faroppa** und folgen dem Weg und der **roten Markierung**.

Bald darauf teilt er sich, diesmal führt uns die Markierung links steil bergauf. Oben biegen wir rechts ab und am nächsten größeren Weg erneut rechts auf die geschotterte Straße. Sie teilt sich, wir gehen links aufwärts. Oben teilt sich die Straße nochmals, jetzt halten wir uns rechts und wandern unterhalb des verfallenen Hofes weiter. Fast eben führt nun der Weg in einer großen Linkskurve um den **Bric delle Forche** durch den Wald. Den am weitest entfernten Punkt des Rundweges haben wir an einem **Haselnusshain** erreicht. Nun wandern wir auf der anderen Seite des Hügels, mit Blick ins Val Bormida, weiter.

Der Wald lichtet sich und es öffnet sich ein großartiger Blick auf die nördlichen Hügel und Dörfer. Viele Wege zweigen links und rechts ab, wir aber halten uns geradeaus und treffen etwas oberhalb der Bauernhäuser **Cascina Crema** auf eine asphaltierte Straße. Ihr folgen wir für wenige Meter, um gleich darauf links durch den **Torbogen** zu gehen. Wir kommen über den grasbewachsenen Innenhof eines Bauernhauses (freundlicherweise erlaubt der Besitzer unser Durchwandern) und erreichen dann einen Wiesenweg. Vor uns liegt **Bergolo** mit seinen unverputzten Häusern und den Dächern aus Stein. MAn wird den Eindruck nicht los, auf eine verwunschene und verfallene Burg zu blicken.

Wir wandern durch einige Reihen **Weinstöcke** und halten uns am Ende des Weingartens am großen einzelnen Baum links. Der

25 Trampelweg führt unterhalb einer Terrassenmauer zu ein paar Bäumen, hier stoßen wir auf den schon bekannten Weg, den wir diesmal in entgegengesetzte Richtung bergab wandern. An der Abzweigung, von der wir auf dem Hinweg gekommen sind, halten wir uns diesmal geradeaus bergauf.

Der Weg ist zum Teil mit großen Steinen gepflastert, er wird bald schmaler und ist dann von Gras überwachsen. An einer Kuppe biegen wir links in einen Fußweg ab. Er bringt uns auf einen Hügelkamm; an der Friedhofsmauer kommen wir zur einsam liegenden **Pieve S. Sebastiano** mit ihrem geteerten Vorplatz. Wir gehen rechts der Mauer entlang, gegenüber dem **Friedhofstor** führt links ein Trampelpfad in den Ortskern zurück.

Bergolo bei Cortemilia: das Dorf aus Stein

Von S. Benedetto Belbo nach Mombarcaro

In der Heimat von Beppe Fenoglio: S. Benedetto Belbo –
Mombarcaro – Lunetta – S. Benedetto Belbo

Karte: D6

26

Tourencharakter: Rundwanderweg auf ruhigen ungeteerten Nebenstraßen.
Beste Jahreszeit: Ganzjährig, im Sommer wenig Schatten.
Ausgangsort: S. Benedetto Belbo, 35 km südlich von Alba.
Endpunkt: S. Benedetto Belbo.
Wanderkarte: Istituto Geografico Centrale/Torino Nr. 18.
Markierung: Rote tropfenförmige Markierung.

Verkehrsanbindung: Keine.
Einkehr: Mombarcaro: Trattoria Tana del Leone, Via Galliano 10. S. Benedetto Belbo: Restaurant/Pension Fresia, Piazza XX. Settembre.
Unterkunft: Mombarcaro Albergo/Restaurant La Vetta delle Langhe, Via Galliano 37, Tel. 0174/9 71 47.
Tourist-Info: Keine.

 mittel

 11 km

 3½ Std.

 ja

Die Wanderung führt entlang alter Pfade der Partisanenkämpfer des Zweiten Weltkrieges. Die vielen alten und halb verfallenen Bauernhöfe machen inzwischen einen wildromantischen Eindruck und lassen kaum mehr spüren, wie hart und entbehrungsreich das Leben der Landbevölkerung war.

Der Wegverlauf

Wir parken das Auto in **S. Benedetto Belbo** auf der **Piazza XX. Settembre** vor der Kirche und vor dem Albergo Freisa. Zwischen den Häusern und der Kirche wandern wir nach Westen,

die Gasse hinunter und durch einen **Torbogen**. Am nächsten Haus folgen wir links dem hölzernen Schild **Val Belbo** in den kleinen Feldweg, der bald darauf zu einem Trampelpfad wird. Er führt uns bergab und mündet in einer Kurve in eine geteerte Straße, auf der wir nach links weiter gehen. Nach knapp 100 m biegen wir erneut links ab und queren den **Fluss Belbo** auf einer Brücke. Danach teilt sich die Straße, wir bleiben wieder links

In Mombarcaro stimmen Höhe, Thermik und Klima: Es wurde in den letzten Jahren zu einem Zentrum für Drachen- und Gleitschirmflieger.

Tipp

Beppe Fenoglio zählt nicht nur im Piemont zu einem der großen realistischen Schriftsteller der Neuzeit. 1922 in Alba geboren verbrachte er den Großteil seiner Jugend in → **S. Benedetto Belbo.** Hier schloss er sich einer Widerstandsgruppe gegen den Faschismus an. Aktiv kämpfte er als Partisan in der Gegend der Alta Langhe und lernte Isolation, Furcht und Verrat kennen. Das prägte sein Leben und wurde zum Zentralthema seiner Erzählungen. Der »Partisan Jonny« und »Die 23 Tage von Alba« sind wichtige Zeitdokumente, der Roman »La Malora« (Das Verderben) hingegen schildert das armselige und harte Leben der piemontesischen Bauern. Er starb 1963 in Turin.

und folgen dem Schild **Ca di Lu**. Die geteerte Straße führt bergan, wir passieren mehrere Häuschen und die **Kapelle S. Rocco**.

Im Piemont sind die Häuser üblicherweise mit Ziegeln gedeckt, hier fällt daher die Schieferdeckung der Dächer auf. Hinter dem letzten Hof gabelt sich unser Weg und geht in einen geschotterten Feldweg über. Wir bleiben links auf dem Hauptweg, der uns über einige Kurven bergauf bringt. Es lohnt sich umzudrehen, die Aussicht auf das Tal Belbo und die angrenzenden bewaldeten Hügel ist fast grenzenlos. Fast oben angekommen treffen wir wieder auf eine geteerte Straße, ihr folgen wir geradeaus. Leicht bergauf wandern wir nun auf dem Hügelkamm bis zu einem unter Pinien angelegten **Picknickplatz**.

26

Unter uns liegt das Tal Bormida mit seinen Dörfern. Wir wandern nach rechts auf der Provinzstraße am **Kirchlein S. Rocco** vorbei nach **Mombarcaro**. Für den Rückweg nehmen wir aus dem Ortskern kommend für knapp 500 m wieder die Teerstraße des Hinweges. Kurz vor dem **Kirchlein S. Rocco** biegen wir jedoch links in die kleinere Straße ab (Schild **Lunetta**). Immer gemütlich bergab wandern wir auf der Teerstraße zum **Weiler Lunetta**. Am Brunnen bei der Kirche **S. Catherina** biegen wir rechts auf den geschotterten und bewaldeten Weg. Parallel zum **Bach Lunetta** wandern wir durch terrassierte Felder und Wälder bergab, fast unten im Tal geht unser Weg wieder in eine geteerte Straße über. Bald darauf überqueren wir nach links auf einer **Brücke** den Bach. An der Weggabelung nach der Brücke halten wir uns rechts und etwa 150 m später an der nächsten Kreuzung wieder rechts. Links von uns fließt der **Fluss Belbo**. Nach 500 m erreichen wir wieder die Brücke, über die wir beim Hinweg gewandert sind. Wir bleiben auf dem schon bekannten Weg bis zur Pfarrkirche von **S. Benedetto Belbo**.

Dunst über der sanften Hügellandschaft

27 Um Murazzano

Durch tiefe Täler und über lange Bergrücken:
Murazzano   Karten: D6

mittel

9 km

3 Std.

ja

Tourencharakter: Rundweg auf überwiegend asphaltierten und geschotterten Nebenstraßen in dem Gebiet der Alta Langhe.
Beste Jahreszeit: Ganzjährig möglich, aufgrund seiner Höhenlage wird es auch im Sommer nicht zu heiß, jedoch wenig Schatten.
Ausgangsort: Murazzano, 37 km südlich von Alba.
Endpunkt: Murazzano.
Wanderkarte: Istituto Geografico Centrale/Torino Nr. 18.
Markierung: Rote, tropfenförmige Markierung.

Verkehrsanbindung: Bus: dreimal täglich von Dogliani.
Einkehr: Unterwegs keine Einkehrmöglichkeit; Murazzano: Trattoria Da Lele, Piazza Cerrina 9, Bar Portici, Piazza Umberto I. 2.
Unterkunft: Murazzano: Agriturismo: Cume, Fraz. Mellea 48, Tel. 0173/79 71 74.
Tourist-Info: Municipio/Rathaus von Murazzano, Tel. 0173/79 12 01. Für Alta Langhe generell: Bossolasco: Comunità Alta Langhe, Via Umberto, Tel. 0173/79 90 00.

In den Boden der Alta Langhe haben Regen, Wind und Wasser tiefe Täler gegraben, dazwischen liegen lang gezogene Hügelrücken mit weiter Sicht über das Land. Diese Wanderung führt uns über die schönsten Aussichtspunkte und schließlich durch ein tief ausgespültes Tal.

Der Wegverlauf

Wir parken in **Murazzano** auf der **Piazza Santuario** vor der Kirche Madonna di Hal und gehen rechts durch die uralte **Porta Buzignano**. Gleich nach dem großen, frisch renovierten ehemaligen **Ospedale** biegen wir rechts in einen kleinen Pfad ein (Schild **Larone**). Er führt über Kehren steil abwärts und trifft bei einem **Brunnenhaus** und Picknickplatz auf eine geteerte Straße. Über *Murazzano mit dem Gipfel des Monviso* Serpentinen geht es weiter ins Tal. An einer Brücke überqueren wir den **Fluss Rea**, halten uns dann links und bleiben für ca. 500 m

parallel zum Fluss. An der ersten geteerten Abzweigung biegen wir rechts ein (Schild **Curra**). Die kleine, sehr steile Straße geht an einem Bauernhaus in einen ungeteerten Feldweg über.

Erst im Ortsteil Rea, nachdem wir wieder auf einen geteerten Weg gestoßen sind, wird

Tipp

In der **Cooperativa Alta Langhe, Reg. Crovera** gibt es viele Informationen rund um den mit dem geschützten Zeichen D.O.C. versehenen Prädikatskäse Toma di Murazzano. Der Begriff Toma steht für eine spezifische Käsefamilie, für deren Herstellung neben dem Hauptbestandteil Kuhmilch (frisch und nicht pasteurisiert) noch zusätzlich Schaf- und Ziegenmilch verwendet werden darf. Daraus werden kleine rundliche Käsefladen geformt, die keine oder fast keine Rinde besitzten. Die Kuhmilch kann auch weggelassen werden, dann nennt man den Käse Robbiola (→ **Roccaverano**), ein Name, der aus dem Lateinischen stammt (rubeloa = rötlich).

es flacher. Wir folgen der Straße in einer Rechtskurve unterhalb der Kirche und passieren einige verfallende Höfe. Hier öffnet sich ein weiter Blick über Murazzano auf die Westalpen. Ganz oben am Hügel sehen wir S. Benedetto Belbo unter uns liegen. Auf der Provinzstraße wandern wir nur für 50 m nach rechts und biegen dann in einen Feldweg ein. Nach wenigen Metern gabelt er sich, wir bleiben etwa parallel zur Autostraße. Wir passieren ein paar Häuser und Höfe, ignorieren alle anderen Abzweigungen, wandern unter einer großen **Überlandstromleitung** durch und stoßen nach einem **rosa Haus** ein weiteres Mal auf die Provinzstraße.

Für Kinder (und auch für Erwachsene) empfiehlt sich der Safarizoo an der Straße nach Bossolasco »Parco Safari delle Langhe«, Tel. 0173/ 79 11 42.

Für 200 m biegen wir links ein und dann an der **Nadelbaumreihe** rechts in den leicht ansteigenden Feldweg. Oben liegt unter den Bäumen ein verwahrloster **Picknickplatz**, der aber eine traumhafte Aussicht über die umliegenden Täler und Hügel gewährt. Am Ende der Baumreihe wandern wir weiter auf dem Feldweg direkt nach **Murazzano** hinunter. Kurz ehe sich der Weg verliert, gehen wir schräg rechts auf einem Trampelpfad über ein Feld. An der Teerstraße wandern wir nach links zum Kreisverkehr und biegen rechts nach **Murazzano** ab. Wir durchqueren es auf der Hauptstraße bis zur **Piazza Umberto I.**, wo wir beim **Café Gianduja** nach links zum Auto zurückkehren.

28

Bei Saliceto

An der Grenze zu Ligurien: Lignera – S. Grato – Catalani –
Mu – Lignera   Karte: E6

 leicht

 9 km

 3 Std.

 ja

Tourencharakter: Rundwanderweg auf asphaltierten, aber ruhigen Nebenstraßen entlang der Grenze zu Ligurien. Zum Abschluss erfrischt ein Bad an der nur 20 km entfernten Meeresküste bei Savona.
Beste Jahreszeit: Ganzjährig.
Ausgangsort: Ortsteil Lignera/Saliceto, 60 km südlich von Alba.
Endpunkt: Lignera/Saliceto.
Wanderkarte: Istituto Geografico Centrale/Torino Nr. 18.
Markierung: Rote, tropfenförmige Markierung.

Verkehrsanbindung: Bahn: von Fossano über Mondovì nach Saliceto Mo.–Fr. 8 x, Sa./So. 5 x, Bus: von Asti über Canelli und Cortemilia nach Saliceto 4 x täglich, zusätzlich 3 x täglich ab Cortemilia.
Einkehr: Unterwegs keine, Saliceto: Bar Moretto, Zentrum, Trattoria Locanda Torino, Loc. Capellini.
Unterkunft: Saliceto: Agriturismo, Cascina del Colle, Via Madonna della Neve, Tel. 0174/9 84 47.
Tourist-Info: Keine.

Auf einsamen Wegen durchwandern wir die südlichste Region der Langhe und erleben einen überraschenden Kontrast: Die Landschaft ist auf Grund ihrer Höhenlage alpin geprägt, die Dörfer im Tal dagegen verbreiten das mediterrane Flair der nahen ligurischen Küste.

Der Wegverlauf

In → **Saliceto** parken wir im nördlich gelegenen Ortsteil **Lignera** in der Nähe der Kirche **S. Martino** und beginnen unsere Wanderung an dem Gotteshaus auf der anderen Seite des Baches Marenco. Den Schlüssel für die Kirche gibt es bei Sig. Carlo Salvetto, der im Haus Nr. 5 ein Stück vor der Brücke wohnt. Nach der Besichtigung wandern wir über die **Brücke** und folgen dann rechts auf der geteerten Straße dem roten Punkt. 200 m später teilt sie sich, wir gehen links den Berg hinauf. Bald haben wir die erste Hügelkuppe über dem Tal von Lignera erreicht, nach einer Rechtskurve geht es an ein paar Häusern vorbei, dann endet der Teerbelag. Auf einem Feldweg passieren wir die einsame Kirche **S. Grato**, von der wir einen wunderschönen Blick auf das Tal Bormida, die Orte → **Saliceto,** → **Mombarcaro**

S. Grato über dem Tal Bormida

und **Montezemolo** haben. Der Weg führt weiter bergan, wir kommen in ein kleines Wäldchen und bleiben trotz der vielen Abzweigungen stets auf dem Hauptweg. In einer Kurve gehen wir am **Bildstock Pilone Quatro Vie** vorbei (er markierte früher eine Kreuzung) und stoßen dann auf die wenig befahrene **Provinzstraße**, die das Tal Uzzone und das Tal Bormida verbindet. Hier wandern wir rechts bergab aus dem Wald.

Mit schöner Sicht über das Tal gehen wir zunächst an den wenigen Häusern von **Catalani** vorbei und anschließend durch den Ortsteil **Mu**. Unterhalb der Kirche S. Giovanni Baptista haben Don Bartolomeo Moretta und seine Schwester Giuseppina ein zwar kitschiges, aber nicht zu übersehendes **Mahnmal für den Frieden** gebaut. Die 14 verschiedenen Stationen sollen das Andenken an ihren im Russlandfeldzug vermissten Bruder und an die Gefallenen des Zweiten Weltkrieges aus Saliceto und Mu wach halten. Über ein paar Kehren geht es auf der Straße weiter abwärts.

Nach der letzten Serpentine gehen wir rechts zwischen zwei Feldern mehr oder weniger querfeldein und parallel zur Hauptstraße direkt nach Lignera zurück. Nach starkem Regen geht man besser auf der Straße weiter zur großen Vorfahrtsstraße im Tal und wandert auf ihr die letzten 500 m nach rechts zurück zur Kirche **S. Martino**.

Tipp

Die im 11. Jh. erbaute Kirche **S. Martino** im Ortsteil **Lignera** von → **Saliceto** ist ein gutes Beispiel mittelalterlichen Baustiles im Piemont. Von außen beeindrucken vor allem Apsis und Glockenturm durch ihre Schlichtheit. Das Gegenteil davon findet man im Inneren. Der gesamte Chorraum ist mit Fresken aus dem 13./14. Jh. ausgemalt. Die renovierten Bilder zeigen Szenen aus dem Leben des Kirchenpatron Martin. Die Geschichte der Mantelteilung umrahmen zahlreiche andere Heilige. Seitlich, unter gemalten Arkaden, stehen die zwölf Apostel. Über ihnen thront Christus in der Mandorla. Ähnliche Kirchen finden wir in → **Portacomaro**, → **Roccaverrano**, → **Perno**, → **Montiglio**, → **Albugnango**, → **Montechiaro** oder → **Cortazzone**.

29 Von Mondovi zum Santuario di Vicoforte

Auf heiligen Spuren: Mondovi – Santuario di Vicoforte – Mondovi

Karten: C7

 leicht

 9,5 km

 3 Std.

ja

Tourencharakter: Rundweg von der Altstadt Mondovi über geteerte Nebenstraßen zur Wallfahrtskirche Santuario di Vicoforte.

Beste Jahreszeit: Ganzjährig, Wallfahrtskirche über Mittag geschlossen, am Wochenende viel Trubel, Donnerstags haben die Geschäfte und Läden an der Wallfahrtskirche geschlossen.

Ausgangsort: Mondovi Piazza/Oberstadt; 50 km südlich von Alba.

Endpunkt: Mondovi Piazza/Oberstadt.

Wanderkarte: Istituto Geografico Centrale/Torino Nr. 24.

Markierung: Keine.

Verkehrsanbindung: Zug: von Turin über Savigliano und Fossano 8 x täglich, Bus: von allen Orten der Umgebung.

Einkehr: Mondovi: Restaurant Marchese d'Ormea, Via Carassone 18, das vornehmste Restaurant liegt in einem geschmackvoll restaurierten Gebäude in der Oberstadt; Restaurant Tre Limoni d'Oro, Piazza Cesare Battisti 2A; eine Sünde wert sind Ravioli gefüllt mit Castelmagno-Käse. Vicoforte: Bars und Café am Santuario, Restaurant del Moretto, Fraz. Fiamenga, Via Cesare Trombetta 27.

Unterkunft: Mondovi: Hotel Europa, Via Torino 29, Tel. 0174/4 43 88. Vicoforte: Hotel Edelweiss, Loc. Santuario, SS 28/29; Tel. 0174/56 31 92

Tourist-Info: Mondovi: Ufficio di Turismo, I.A.T., Via Vico, 2 Tel. 0174/4 03 89.

Mondovi ist für seine erlesenen Kunstwerke, romantischen Gassen und verschwiegenen Plätze weithin bekannt. Doch sein Wahrzeichen liegt außerhalb des Ortes, die barocke Wallfahrtskirche Santuario di Vicoforte, die vor allem durch ihre imposante Kuppelkonstruktion berühmt ist.

Der Wegverlauf

Mondovis Unterstadt: »das Brero«

In **Mondovi** finden wir einen kostenlosen Parkplatz an der **Piazza d'Armi** in der Oberstadt**.** Nach links führt uns die **Via Vico** in das **Centro Storico**, das historische Stadtzentrum, nach rechts beginnt unsere Wanderung. Die Verlängerung der **Via Vico** ist die **Via S. Croce**, wir wandern nach Süden durch eine **Neubausiedlung**.

Ca. 800 m vom Beginn unserer Wanderung erreichen wir eine **Kapelle**, hier teilt sich die Straße. Wir biegen rechts nicht in die Via Albegno, sondern erst in die nächste Straße ein. Leicht abwärts führt sie ins Tal. Wir passieren einige Bauernhöfe und wandern dann wieder bergauf. Der Vorfahrtsstraße nach dem Stoppschild folgen wir nach links. Nach knapp 500 m treffen wir auf eine größere Straße, auf der wir nur wenige Schritte links zu den **Kapellen** wandern und dort rechts zum Ortsteil **Fiamenga** weitergehen.

Geradeaus passieren wir die Kirche **S. Pietro,** die einst das Zentrum der Pfarrei von Vicoforte war. An der T-Kreuzung nach dem Gotteshaus biegen wir rechts in die **Via Lobera**, wandern auf der schmalen Hauptstraße am **Restaurant Moretto** vorbei und wenden uns dann nach links in die **Via Vecchia**. Eine Kapelle mit pastellgelben Türmchen markiert die Abzweigung. Die Straße führt geradeaus abwärts auf das **Santuario de Vicoforte** zu. Vor der Wallfahrtskirche nehmen wir die **Via S. Rocco** nach Osten (**Schild Monastero Clarisse**), die gesäumt von Kastanienbäumen kurvenreich bergauf führt.

An der Wegverzweigung folgen wir dem Schild **Clarisse**, passieren das moderne **Kloster der Klarissinnen** und wandern über einen Hügelkamm auf den eigentlichen Ort **Vicoforte** zu, den wir über einige Stufen an der linken Wegseite bei einer Vorfahrtsstraße erreichen. Auf diese biegen wir links ein und stehen nach einer Rechtskurve auf der **Piazza Borgo** von Vicoforte.

Weiter geht es links über die kleine **Via S. Pietro** und durch einen rosa gestrichenen **Torbogen** eines Hauses. Unser Weg mündet bei einer Wegkapelle wieder in eine größere Straße. Hier halten wir uns links und wandern an einigen Häusern vorbei. Nach dem letzten Haus auf der rechten Seite (Nr. 12) biegen wir rechts ab, und nach etwa 100 m an einem **rosa Bildstock** marschieren wir rechts den Feldweg hinunter. Bei der Weggabelung wählen wir den Wiesenweg zwischen zwei Drahtzäunen, der mit einer **roten Pfeilmarkierung** gekennzeichnet ist. An den zwei Wegkapellen, die wir vom Herweg schon kennen, gehen wir zur Vorfahrtsstraße, wenden uns jetzt nach rechts und folgen dem neu angelegten Fußweg entlang mehrer Kapellen in die Altstadt.

Im September findet das Kirchweihfest Festa della N. di Maria an der Wallfahrtskirche von Vicoforte mit großem Viehmarkt statt.

30

Stadtspaziergang in Turin

Die Metropole des Nordens:
Turin

Karten: B1/2

 leicht

 8 km

 2 Std.

 ja

Tourencharakter: Stadtrundgang zu den wichtigsten Sehenswürdigkeiten.
Beste Jahreszeit: Ganzjährig.
Ausgangsort: Turin, Piazza C. Felice am Hauptbahnhof.
Endpunkt: Turin Piazza C. Felice.
Wanderkarte: Stadtplan.
Markierung: Keine.
Verkehrsanbindung: Bahn: stündlich von allen größeren Städten des südlichen Piemonts wie Asti, Alba, Alessandria, Saluzzo; Bus: viele Verbindungen aus den umliegenden Orten.
Einkehr: Turin: Restaurant Del Cambio, Piazza Carignano 2, Tel. 011/54 37 60, historisches Haus, in dem bereits Graf Benso Cavour seinen Stammtisch hatte, Restaurant L'Idrovolante, Viale Virailio 105, vor allem im Sommer genießt man die Aussicht unterhalb des Castello Valentino auf den Po.
Unterkunft: Hotel Roma Rocca Cavour, Piazza C. Felice 60, Tel. 011/5 61 27 72, mitten im Zentrum, Tiefgarage, günstige Zimmer ohne Bad im ersten Stock, Hotel Villa Sassi, V. Traforo del Pino 47, Tel. 011/8 98 05 56, im Park gelegen; Hotel Diplomatic, Via Cernaia 42, Tel. 011/5 61 24 44, teuerste Vier-Sterne Zimmer; Hotel Liberty, Via P. Micca 15, Tel. 011/5 62 88 01, zentral gelegen; Jugendherberge, Fraz. Crimea, Via Alby 1, Tel. 011/6 60 29 39.
Tourist-Info: Turismo Torino, Piazza Castello 165, Tel. 011/53 51 81.

Turin als reine Industriestadt abzutun wäre mehr als ungerecht. Die Großstadt wartet mit einem hübschen Stadtbild, wertvollen Kirchen, Denkmälern, Museen und großen Kunstschätzen auf. Das Zentrum selbst ist überschaubar am Fluss Po gelegen und überdies ein wahres Einkaufsparadies.

Der Wegverlauf

Feinste Pralinees des Caféhauses Baratti & Milano in Turin

In **Turin** parkt man am besten in der Tiefgarage unter der **Piazza C. Felice** neben dem **Hauptbahnhof**, der **Porta Nuova** ①. Dieser, ein schönes Beispiel für frühe Industrialisierung, wurde 1861 nach Plänen von C. Ceppi erbaut. Durch die **Via Roma** mit ihren eleganten Geschäften erreichen wir die **Piazza S. Carlo** ②, den »Salon von Turin«. 1640 legte Castellamonte den Platz in ausgewogener Harmonie an. Das Reiterstandbild, von den Turinern liebevoll **Caval d'Brons,** Bronzepferd, genannt, zeigt Emanuele Filiberto nach der Rückeroberung seines Herzogtums Savoyen. Den Abschluss bilden die beiden sehr ähnlichen Kirchen **S. Carlo** und

S. Cristina. Wir wandern rechts in die **Via M. Vittoria** und dann links in die **Via Accademia delle Scienze**. Sie ist die Verlängerung der **Via Lagrange**, die für ihre Juweliergeschäfte, Konditoreien und für zahlreiche Delikatessen- und Nudelläden bekannt ist. An der Ecke liegt das weltberühmte ägyptische Museum, das **Museo Egiziano** und die **Galleria Sabauda** ③ mit Gemälden der italienischen, flämischen und piemontesischen Schule.

Weiter durch die **Via A. d. Scienze** erreichen wir den **Palazzo Carignano** ④ mit seiner konvex-konkav geschwungenen Backsteinfassade von Guarini. Hier wurde der erste König Italiens, Vitt. Emanuele II. geboren und im Festsaal trat 1861 zum ersten

Piazza Madama mit dem Palazzo Reale und der Kirche S. Lorenzo

Mal das Parlament des vereinigten Italien zusammen. Nach ihm biegen wir rechts in die **Via Monte Pietà** und kommen links durch die gläserne **Galleria Subalpina** ⑤ mit dem Café Baratti & Milano zu dem von Arkaden umsäumten Hauptplatz, der **Piazza Castello**. In seiner Mitte steht der **Palazzo Madama** ⑥, der auf den Resten eines römischen Stadttores erbaut wurde. Von drei Seiten sieht er wie eine wehrhafte, zinnenbekrönte Burg aus, die Westseite hingegen trägt eine prachtvolle Barockfassade. Juvarra sollte im 18. Jh. im Auftrag von Madame (daher der Name) Maria Cristina di Savoia eigentlich die gesamte Burganlage in einen Barockpalast umbauen. Nach Fertigstellung der Westfassade und des Treppenhauses wurden jedoch wegen Geldmangels alle weiteren Arbeiten eingestellt. Von der Westfassade des Palazzo Madame kommt man über einen fußgängerfreundlichen Platz direkt zur Hauptfront des Palazzo Reale, der savoyischen Residenz. Rechts an die Residenz grenzt die **Armeria Reale** ⑦, die königliche Waffensammlung, links ist die Kirche **S. Lorenzo** ⑧ mit dem **Palazzo Chiablese** verbunden. Das Innere von S. Lorenzo wurde durch Guarini gestaltet und verwirrt das Auge durch seine raffi-

Unbedingt Zeit für einen Aperitif in einem der schönen Cafés aus der Jahrhundertwende einplanen: Café Torino, Café Fiorio, Café San Carlo etc.

nierte Kuppelarchitektur. Zur Besichtigung des **Palazzo Reale** ⑨ muss man sich einer geführten Tour anschließen.

Wir durchwandern die grüne Oase des **Giardino Reale** ⑩, die man durch einen Torbogen erreichen kann und treffen auf den großen **Corso Regina Margherita**. Wir gehen links und gleich darauf erneut links in die **Via XX. Settembre**. In einer Grünanlage mit Mauerresten und alten Straßenbefestigungen aus der Römerzeit stehen die ziegelrote **Porta Palatina** ⑪ und gegenüber die Reste des **Amphitheaters**. Hier schließt sich auch der **Dom** ⑫ mit der **Cappella della Sindone** und dem Campanile an. Das Johannes dem Täufer geweihte Gotteshaus entstand 1498. Die Cappella Sindone mit dem Grabtuch Christi wurde von Guarini erbaut; vor allem die verzwickte Kuppelkonstruktion gehört zu

Eintrittskarten für ein Fußballspiel der heimischen Mannschaft »Juve« bei Juventus Club, Corso Palestro 3, Tel. 011/53 73 43 oder in den Tabakläden am Bahnhof.

Die Porta Palatina

Tipp

Der U-förmige **Palazzo Reale** wurde 1645 an der Stelle des ehemaligen Bischofspalastes im Auftrag der Regentin Cristina erbaut. Innerhalb von 200 Jahren waren viele große Barockkünstler (wie Castellamonte, Juvarra, Alfieri, Piffetti, Baumont oder Cignaroli) mit dem Ausbau und der Verschönerung des Schlosses beschäftigt. Die eher schlichte Fassade lässt nichts von dem Prunk und Luxus erahnen, der einem in Inneren erwartet. Besonders sehenswert ist die Scherentreppe (Scala delle Forbici), ein architektonisch verwirrendes Meisterstück von Juvarra, der düstere Thronsaal und der chinesische Salon, der ganz im Stil des Rokoko gehalten ist.

seinen tollkühnsten Werken. Gegenüber des Doms beginnt das alte Handwerkerviertel mit seinen vielen Gassen. Wir wandern, den Dom im Rücken, über den Platz und gehen rechts in die **Via Basilica**. Diese ist durch die **Galleria Umberto I.** mit der **Piazza della Repubblica** ⑬ verbunden. Auf dem lebhaften Platz wird täglich Markt abgehalten. Zurück über die **Via Milano**, vorbei an den Kirchen **S. Maurizio** und **S. Domenico** kommen wir zur **Via Corte d'Apello**, mit dem **Palazzo di Città**, dem Rathaus. Wir wandern rechts in die **Via C. d'Apello** hinein, passieren Gebäude der Stadtverwaltung, **die Pretura**, den **Palazzo Giustizia**, den **Palazzo Faletti di Barolo** ⑭ mit seinem imposanten Treppenhaus und erreichen schließlich die von einem Obelisken geschmückte **Piazza Savoia**, die von den **Palazzi Martini** und **Paesana** umgeben ist. Beide haben schöne Innenhöfe mit Loggien. An der Piazza lohnt sich ein Abstecher nach rechts zur **Piazza Consolata** mit der gleichnamigen Wallfahrtskirche ⑮, neben der wunderschöne Geschäfte im Stil der Jahrhundertwende zu finden sind. Zurück zur **Piazza Savoia** gehen wir zur **Via G. Garibaldi**, der großen Fußgängerzone und Einkaufsmeile Turins, in die wir links einbiegen. Auf einer Länge von mehr als einen Kilometer verbindet sie die **Piazza Castello** mit der **Piazza Statuto**. Bald erreichen wir wieder die **Piazza Castello**, die wir diesmal geradeaus in die **Via Po** überqueren.

Wir passieren den **Palazzo dell'Universitá** und kurz darauf lohnt sich links der Abstecher in die **Via Montebello** zur **Mole Antonellina** ⑯. Um diesen 167 m hohen Turm streiten sich die Gelehrten. Den einen ist er zu kühl, zu extravagant, zu spitz, zu hoch und überhaupt zu modern, die andern sagen, er gehöre mittlerweile zur Stadt wie deren römische Grundmauern. Ursprünglich war er als Synagoge vorgesehen, wurde dann zum jüdischen Gemeindezentrum umgewandelt und ist heute im Besitz der Stadt, die dort ein **Museo del Cinema** eingerichtet hat. Weiter auf der Via Po erreichen wir die **Piazza Vitt. Veneto** ⑰ und die Brücke

über den Po, die uns zur Kirche **Gran Madre del Dio** ⑱ führt, ein tempelartiger Bau von 1814. Rechts davon führt ein Abstecher auf den **Monte dei Cappuccini** ⑲, von dem man den wohl besten Blick über die Stadt hat.

Wir bleiben aber am westlichen Ufer der Altstadt und wandern flussaufwärts an den alten Lagerhallen, den **Murazzani** vorbei, in denen sich heute das Nachtleben Turins abspielt, und erreichen die nächste Brücke, **Ponte Umberto I**. Südlich davon zieht sich der **Parco Valentino** ⑳ am Flussufer entlang. In ihm liegt das nach französischem Vorbild errichtete Lustschloss **Castello Valentino**, das im 16. Jh. von Carlo di Castellamonte erbaut wurde. Etwas südlicher im Park finden wir das **Borgo Mediovale,** das »mittelalterliche Dorf«, vom Restaurator Alfredo d'Andrade 1884 anlässlich der Nationalausstellung als komplette, mittelalterliche Siedlung errichtet. Die Gebäude und der Wehrturm sind Repliken historischer Bauten aus dem Piemont und Aostatal. Für den Rückweg gehen wir an der **Ponte Umberto I.** links in den **Corso Vitt. Emanuele** und kommen so zum Ausgangspunkt der **Piazza C. Felice**.

Das Treppenhaus im Palazzo Reale

Vorherige Doppelseite: das Triumphtor und die Kirche Maria del Popolo in Cherasco

▶ **ACQUI TERME**

Höhe: 146 m	Karte: G5
Einwohnerzahl: 20 100	Wanderung: 22

Acqui Terme gilt in Italien als Kur-Hochburg und das nicht erst, seit die Wissenschaftler Aufschluss über die Zusammensetzung des Heilwassers erteilten. Bereits unter den Römern war das Städtchen »Aquae Statiellae« mit seinen 75 °C heiß sprudelnden Quellen eine beliebte Adresse. Um das Thermalwasser auf angenehmere Badetemperatur abzukühlen, bauten die Römer südlich des Flusses Bormida ein **Aquädukt**, das frisches Wasser aus dem Bach Erro zu den Bädern brachte. Zeugnisse aus dieser Zeit birgt das Archäologische Museum im **Castello dei Paleologhi**. Das Schloss aus dem 11. Jh. liegt mitten im alten Stadtkern auf einem Hügel; aus der gleichen Zeit stammt der **Dom S. Maria Assunta**. In der sechsschiffigen Domkrypta ruhen die Gebeine des 1070 verstorbenen hl. Bischofs Guido.

Die Kirche **S. Pietro** an der Piazza Addolorata ist das älteste Gotteshaus der Stadt. Der schlichte Bau wurde von Bischof Primo (989–1018) auf einer frühchristlichen Anlage errichtet und im 19. Jahrhundert originalgetreu restauriert. Dem Rathaus gegenüber liegt der **Palazzo Robellini** mit seiner Enoteca Regionale, die zum Verkosten und Kaufen lokaler Weinspezialitäten einlädt. Das eigentliche Wahrzeichen der Stadt ist die sprudelnde Quelle **La Bollente**. Baden und sich rundherum verwöhnen lassen kann man sich im Hotel **Nuove Terme** an der Piazza Italia und in den **Antiche Terme** über der Brücke Carlo Alberto am südlichen Flussufer.

Tipp

Das schöne Bad Antiche Terme im Stil der Belle Époque liegt mitten im Kurpark, ein Schwimmbad und Tennisanlagen sind angeschlossen. Das Heilwasser enthält Schwefel, Natrium Brom und Jod, es wird vor allem bei Erkrankungen der Atemwege sowie bei Rheuma, Gicht und Arthrose empfohlen. Der Kurbetrieb ist ganzjährig.

Das Kurhaus in Acqui Terme

 AGLIANO

Höhe: 263 m	*Karte: E4*
Einwohnerzahl: 1 650	

Der Ort besitzt zwei Quellen. Das unterirdisch sprudelnde Wasser der **Fonte San Rocco** und **Fonte Salutis** wird als Trinkkur verschrieben und hilft bei Magen- und Darmerkrankungen und bei Problemen mit Leber und Galle. Das wäre eine beruhigende Aussicht inmitten dieser exklusiven Weingegend und ein Trost für manchen vom vielen Weinverkosten geschädigten Touristen.

▶ ALBA

Höhe: 172 m	*Karte: D4*
Einwohnerzahl: 23 500	*Wanderung: 14*

Alba wird »**Die Stadt der hundert Türme**« und »**Das Herz der Langhe**« genannt, so lauten die Schlagwörter der Fremdenverkehrsprospekte und trotz aller Werbegedanken sind sie sicherlich nicht übertrieben. Zwar stehen von den einst 100 Türmen nur mehr knapp 30, aber wenn man an einem Samstag zur Marktzeit durch die Altstadt streift und das bunte Treiben beobachtet, erlebt man hautnah, wie hier das Leben pocht.

In der Geschichte spielte Alba eine ähnliche Rolle wie viele Städte Oberitaliens. Im Mittelalter wurde Alba eine mächtige **freie Stadtrepublik**. Die Kaufmannsfamilien bauten Paläste und errichteten die ersten Stadttürme. Alba stand im Konkurrenzkampf mit Asti. Schließlich erlitt Alba 1259 eine Niederlage im Kampf gegen Asti. Aus diesem geschichtlichen Ereignis geht der Brauch des **Palio degli Asini** hervor, ein ironischer Racheakt gegenüber Asti, denn das Rennen findet auf den Rücken von Eseln statt.

Nach 1260 wurde Alba zum Spielball zwischen den Herzögen von Mailand, den Franzosen aus dem Anjou und den Markgrafen des Monferrato. Im Ergebnis blieb Alba lange eine unbedeutende Provinzstadt, erst im 20. Jh. gelang der Aufschwung. Neben verschiedenen Textilwarenherstellern siedelte sich auch die **Süßwarenfabrik Ferrero** an.

Da Alba außer mit dem kalorienreichen Naschwerk mit zahlreichen anderen kulinarischen Köstlichkeiten aufwarten kann, ließen die Touristen nicht auf sich warten. Weine, Trüffel und hervorragendes Essen wirken wie ein Magnet auf die Feinschmecker. Vor allem im Oktober zur Trüffelmesse herrscht hektisches Trei-

ben. Man erreicht kaum die Verkaufsbuden, in den Feinkostge-
schäften stehen die Schlemmer Schlange und ohne Reservierung
ist kaum mehr ein Platz in den begehrten Restaurants zu ergat-
tern. Den Rest des Jahres aber lädt Alba zu beschaulichem, ruhi-
gem Schlendern, Schlemmen und Verweilen ein.

▶ ALBUGNANO

Höhe: 549 m	*Karte: D2*
Einwohnerzahl: 480	*Wanderung: 1*

Der Ort trägt zu Recht den Beinamen »Balkon des Piemont«, es
bietet einen fantastischen **Panoramablick** über das Monferrato,
auf die ligurischen Seealpen und die verschneiten Gipfel der
Westalpen. Die **Abtei Vezzolano** (ca. 2 km außerhalb im Tal) ist
eines der wichtigsten romanisch-gotischen Bauwerke des Piemonts. An der **Westfassade** lassen sich französische Einflüsse erkennen. Ursprünglich war die Kirche in drei Schiffe unterteilt,
das südlichste wurde einem Kreuzgang geopfert.
Im Inneren stößt man auf einen **Lettner**, der einen figurenreichen
und zum Teil noch farbigen Reliefzyklus trägt. In der oberen Reihe sind Szenen aus dem Neuen Testament und in der unteren
Reihe die 40 Könige Judäas dargestellt. Wie fast immer in dieser
Zeit ist der Künstler unbekannt geblieben, Beziehungen ins französische Burgund sind auf alle Fälle nachweisbar. Wahrscheinlich war dieser Lettner gar nicht für Vezzolano bestimmt, denn
wer nachzählt, kommt nur auf 35 Könige. Das Relief war wohl
für eine breitere Kirche gedacht und musste verkürzt werden.
Der **Hochalta**r ist ein Terracotta-Triptychon mit Figuren der Muttergottes, des hl. Augustinus und des französischen Königs
Karl VIII. Durch den mit Fresken des 14. Jh. dekorierten **Kreuzgang** erreicht man den Kapitelsaal mit seinen Zweipassfenstern.

▶ ALESSANDRIA

Höhe: 95 m	*Karte: G3*
Einwohnerzahl: 102 446	

Der Ort gibt sich als moderne Provinzhauptstadt und ist in der
Welt vor allem durch die Hutfabrik Borsalino (→ **Einkaufen**) bekannt. Alessandria wurde im 12. Jh. von der Lombardischen Liga
unter Mailand als Bastion gegen die Markgrafen von Asti und des
Monferrato gegründet.

Benannt hatten ihn die Mailänder nach Papst Alexander III., wohl als Dank für die Unterstützung, die er ihnen gegen den Kaiser gewährte. Die Savoyer bauten schließlich

Markttag auf der Piazza Garibaldi in Alessandria

den Ort zu einer gewaltigen Grenzfestung aus und legten dazu die gesamte Altstadt nieder. Heute dominiert die große barocke Zitadelle aus dem 19. Jh. neben den modernen von Säulengängen umrandeten Piazzas und Einkaufsstraßen.

▶ ASTI

Höhe: 124 m	Karte: E3
Einwohnerzahl: 77 000	Wanderung: 8

Zu Beginn des 1. Jh. v. Chr. war Asti eine römische Siedlung und hieß Hasta. Zu seiner größten Blüte gelangte es im 11. Jh. als Bischofsstadt. Der Handel mit Frankreich, Großbritannien und Flandern verhalf der Stadt zum Aufschwung und so wurde Asti innerhalb von nur 100 Jahren zu einer der mächtigsten Städte Italiens. Entlang des bereits von den Römern angelegten Corso Alfieri entstanden herrschaftliche, mit Türmen befestigte Patrizier

An der Kathedrale von Asti

häuser. Mit der Mischung aus Tuffstein- und Ziegelbauweise prägen sie das Stadtbild. Von den einstmals 120 Stadt- und Geschlechtertürmen stehen leider nur noch wenige wie der Torre Troyana und der Torre Rossa, der mit seinem unteren Teil noch aus römisch-augusteischer Zeit stammt.

Teile der Stadtmauer, die wundervolle gotische Kathedrale, die Kollegiatskirche San Secondo mit der Krypta aus dem 8. Jh., die Kirchen S. Caterina und S. Pietro mit angebauter Rotunde, die Paläste Catena und Zoja, die in der Renaissance entstandenen Palazzi Malabayla und Alfieri zeugen von der bewegten Geschichte der Stadt. Ein Treffpunkt der modernen Literaten ist der Palazzo Alfieri geworden, in dem 1749 der Dichter Vittorio Alfieri geboren wurde, einer der großen Schriftsteller Italiens.

Heute ist Asti Provinzhauptstadt und hat sich mit seinen modernen Gebäuden weit über die einstigen Grenzen

hinaus ausgedehnt. Obwohl es als wichtiger Umschlagplatz für landwirtschaftliche Produkte aller Art erhebliche Bedeutung erlangt hat, konnte es sich den Charme einer gemütlichen Stadt bewahren. Die Plätze und Märkte laden zum Verweilen ein, die Via Cavour lockt mit ihren schönen Geschäften, stolze Paläste

Der Dichter Vittorio Alfieri aus Asti

rufen immer wieder Staunen hervor und rund um die Piazza S. Secondo entdeckt man viele romantische Winkel und Gassen.

▶ BARBARESCO

Höhe: 273 m	Karte: D4
Einwohnerzahl: 610	Wanderung: 13

Barbaresco liegt am östlichen Steilufer des Tanaro und gilt als Zentrum für einen der größten piemontesischen → **Weine**, den Barbaresco. Schon die Anfahrt ins Zentrum führt an zahlreichen Weingärten, Kellereien und Brennereien vorbei. Der Ortskern ist geprägt vom wuchtigen mittelalterlichen **Wachturm**, der im

11. Jh. erbaut wurde. Ihm gegenüber liegt die barocke Kirche **S. Giovanni Battista**, umringt von vielen alten Häusern. Die ehemalige Kirche **S. Donato** beherbergt die Enoteca Regionale del Barbaresco, in der neben Weinproben auch regelmäßig Ausstellungen stattfinden. Viele bekannte Weinkellereien wie Angelo Gaja, Carlo Boffa, La Ca'Nova, Tenute Cisa Asinari oder Giuseppe Cortese haben in Barbaresco ihren Sitz.

Enoteca regionale in der ehemaligen Kirche von Barbaresco

▶ BAROLO

| Höhe: 310 m | Karte: D5 |
| Einwohnerzahl: 610 | Wanderung: 19 |

Allein der Name lässt die Herzen der Weinkenner höher schlagen, der Wein brachte das kleine Dorf zu Weltruhm. Der Ort liegt in einer sanften Talmulde, windgeschützt und trotzdem sonnig genug für die Reifung der Nebbiolo-Traube. Als Wahrzeichen gilt das mächtige, mitten im Ort gelegene **Schloss Falletti**. Es reicht bis ins 10. Jh. zurück und diente früher zur Verteidigung vor Sarazenenüberfällen. Bekannt wurde das Dorf aber erst viele Jahrhunderte später. Unter der Regierung Königs Carlo Alberto, der keinen Hehl aus seiner Leidenschaft zu gutem Wein machte, waren viele Landadelige bemüht in die Riege der königlichen Weinlieferanten aufgenommen zu werden.

Die Signori di Barolo, Tancredi und Giulia Falletti experimentierten mit der Nebbiolo-Traube, die hier in der Langhe verbreitet angebaut wird. Vor allem Giulia Falletti ist es zu verdanken, dass aus dieser Traube um 1820 der erste Barolo gekeltert wurde. Die gebürtige Französin ließ aus dem Bordeaux und Burgund erfahrene Kellermeister kommen, um ihre eigene Weinbautechnik zu verbessern. Kaum hatte König Carlo Alberto den in Fässern gereiften schweren Wein gekostet, konnten sich die Grafen Falletti vor Aufträgen nicht mehr retten. Mit Sicherheit kann man behaupten, dass der König der erste Barolo-Süchtling in der heute weltweit so großen Fangemeinde dieses Weines war. Ab 1831 sind täglich ganze Wagenkolonnen mit Barolofässern über die Landstraßen an den Hof in Turin gezogen. Bald war die Nachfrage so groß, dass der König an den benachbarten Hügeln um den Ort Barolo selbst Ländereien erwarb und in eigener Regie keltern ließ. Dies führte dazu, dass bis heute insgesamt 13 Dörfer ihre

Das Schloss von Barolo

Nebbiolo-Traube als Barolowein vermarkten dürfen. Als der königliche Thron von Turin nach Rom verlegt wurde, vergaß man langsam den Barolo. Erst ab den 70er Jahren des 20. Jahrhunderts gelang einer Reihe von jungen Barolo-Interpreten, den inzwischen fast zur Legende gewordenen Barolisti, ein Comeback des großartigen Weines zu erreichen.

Heute ist der mindestens drei Jahre in Eichenfässern gereifte Wein nicht mehr von den Weinkarten der Spitzenrestaurants der Welt wegzudenken. Dabei ist der Ort selbst eher verschlafen geblieben. Die Gassen sind von den Hausschildern der Kellereien geschmückt, sie führen fast alle zum Schloss. In ihm kann man die Räume der Gräfin Giulia Falletti besichtigen und lernt viel über den Barolo. Die **Enoteca regionale** hat ebenfalls ihren Sitz in der Burg. Selbstverständlich kann man neben der Verkostung in einem angeschlossenen Laden auch gleich den Wein kaufen.

▶ BENE VAGIENNA

Höhe: 349 m	*Karte: C5*
Einwohnerzahl: 3 500	

Römische Ausgrabung bei Bene Vagienna

Für römische Geschichtsforscher liegt die Attraktion des Ortes nord-östlich der heutigen Siedlung. Hier hat man die Reste der römischen Stadt **Augusta Bagienorum**, ein Amphitheater und einen Tempel freigelegt. Sie sind offen zugänglich.

▶ BERGOLO

Höhe: 616 m	*Karte: E5*
Einwohnerzahl: 138	*Wanderung: 25*

Nur noch gut 100 Einwohner zählt das Bergdorf auf dem Hügelplateau zwischen den Flüssen Bormida und Uzzone. Dafür ist es ein Paradies für Sommerfrischler und Wanderer.

Die Steine, aus denen die vielen Terrassenfelder gebaut sind, wurden auch für den Hausbau im Ort verwendet, unverputzt geben sie ihm sein typisches Gesicht.

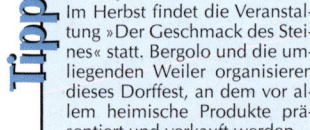

Tipp

Im Herbst findet die Veranstaltung »Der Geschmack des Steines« statt. Bergolo und die umliegenden Weiler organisieren dieses Dorffest, an dem vor allem heimische Produkte präsentiert und verkauft werden.

▶ BRA

Höhe: 290 m
Einwohnerzahl: 23 500

Karte: C4

Kuppel der Kirche S. Chiara von Bra

Das auf einem Hügel gelegene Städtchen jenseits des Tanaro-Flusses gehört bereits in die Region des Roero. Rund um die kulissenhafte **Piazza dei Caduti della Libertà** finden sich einige interessante Bauten vor allem aus der Zeit des Barock.

Den Anfang macht die Kirche **S. Andrea** von 1682. Rechts der Kirche befindet sich der barocke **Palazzo Civico** mit seiner konvex geschwungenen Mittelfassade. Die Kirche **S. Chiara** steht in der Via Barbacane, hinter dem neo-klassizistischen Portal verbirgt sich im Inneren eine der schönsten Barockkuppeln des Piemont. Im **Palazzo Traversa** verbirgt sich das **Museum di Storia e d'Arte** (Geschichte und Kunst).

Einer der urigsten Märkte des Piemont findet im Dezember statt. Auf dem großen Viehmarkt von Bra werden Rasseochsen, Kälber und Kühe noch per Handschlag verkauft.

▶ BRICCO LÙ

Höhe: 337 m

Karte: E4
Wanderung: 10

Um den bekannten Aussichtspunkt und Ausflugsziel bei → **Costiglio-le** rankt sich eine nette Legende: Gentucca, ein wunderschönes Mädchen sollte heiraten. Sie hatte viele Bewunderer und so fiel ihrem Vater die Wahl schwer. Ein Wettbewerb sollte die Entscheidung treffen. Derjenige, der das schönste Ochsengespann als Geschenk brächte, würde auch die Tochter gewinnen. Der aus einem armen Hof stammende Poldo war ganz verzweifelt, sein Herz war seit langem für Gentucca entfacht, aber ein Ochsengespann konnte er sich niemals leisten. In seiner Verzweiflung flehte er um Hilfe beim Teufel, der prompt erschien und Rettung versprach. Der Teufel gab ihm alles Erwünschte und obendrein eine mit Juwelen besetzte goldene Spange für die Braut. Er stellte nur eine einzige Bedingung. In genau einem Jahr müsse Poldo ihm alles Geliehene zurückgeben, sonst gehöre seine Seele der Unterwelt. Mit dem prächtigen, vom Teufel persönlich geschmückten Ochsengespann stach Poldo natürlich alle seine Konkurrenten aus, die Hochzeit fand am Tage des hl. Lorenzo (11. August) statt. Überglücklich und freudetrunken fuhr das Brautpaar nach Hause und bemerkte nicht, dass auf dem Heimweg die goldene Spange verloren gegangen war.

Als ein Jahr später der Teufel sein Pfand zurückforderte, fehlte natürlich die Spange. Der Satan nahm Poldo mit und er verschwand für immer. Gentucca streifte die ganze Nacht um den Hügel und suchte ihren Mann. Einsam und verzweifelt starb sie beim Sonnenaufgang. Seit dieser Zeit soll Gentucca in der Nacht des 11. August als blaues Irrlicht zum Bricco Lù zurückkehren.

▶ BUBBIO

| Höhe: 224 m | Karte: F5 |
| Einwohnerzahl: 1 124 | Wanderung: 23 |

Der kleine Ort liegt am **Bormida** und gehört zu den wenigen Ortschaften der Langhe in der Provinz Asti. Neben dem frisch renovierten Schloss (Privatbesitz) ist vor allem die Kirche **Maria Assunta** bekannt. In den Gassen rund um das Gotteshaus findet jedes Jahr am ersten Sonntag nach Ostern das Fest der **Sagra del Polentone** statt. Gemeinschaftlich wird in großen Töpfen Maismehl zu einer überdimensionalen Polenta verkocht, die dann mit verschiedenen Soßen verzehrt wird.

In der Konditorei **Pasticceria »Andrea e Franco«, Piazza del Pallone 1,** werden die Haselnüsse der Sorte Tonda gentile zu leckeren Amaretti alla nocciola verarbeitet. Eine Köstlichkeit, die auch als Mitbringsel für zu Hause gut geeignet ist.

▶ CANALE

| Höhe: 193 m | Karte: D4 |
| Einwohnerzahl: 4 730 | Wanderung: 9 |

Canale ist das größte Dorf im Roero und als Umschlagplatz für **Pfirsiche** bekannt. Das **Schloss der Malabaila** wurde 1260 als Festung zum Schutz der Stadt Asti errichtet. Es liegt umgeben von einem großen Park gegenüber der **Enoteca regionale**, Via Roma 57. Hier bieten über hundert Weinbauern ihre Erzeugnisse an, man kann den Arneis oder den Roero D.O.C. ausgiebig verkosten. Mehrere Kirchen, zum Teil aus dem Barock und der freistehende, mittelalterliche Turm hinter der Kirche **S. Giovanni** runden den geschichtsträchtigen Teil des Ortes in all seinen Epochen ab. Die meisten Geschäfte befinden sich unter schönen alten Arkaden in der Hauptstraße, der **Via Roma**.

► CANELLI

Höhe: 157 m	Karte: F4
Einwohnerzahl: 10 900	

Canelli ist der Hauptort des Weinbaugebiets um Asti. Hier wird die Muskatellertraube zum weltberühmten Schaumwein **Asti Spumante** verarbeitet. Im Zentrum der geschäftigen Kleinstadt kann man zahlreiche Kellereien mit ihren oft kilometerlangen Weinkellern besichtigen. Das schöne Schloss war einst Schauplatz erbitterter Kämpfe um die Vormachtstellung im Monferrater Erbfolgekrieg. 1613 belagerten habsburgische Truppen aus Spanien die Stadt, die sich jedoch erfolgreich zur Wehr setzen konnte.

Canelli von der Wallfahrtskirche Caffi aus gesehen

An diese Kämpfe erinnert alljährlich am dritten Juni-Wochenende das große historische Spektakel »Die Belagerung Canellis«. An zwei Tagen schlüpft die Bevölkerung in Kostüme des 17. Jh., lässt altes Handwerk aufleben und serviert Gerichte aus dieser Epoche.

► CASALE MONFERRATO

Höhe: 116 m	Karte: G1
Einwohnerzahl: 43 650	Wanderung: 3

Diese lebhafte Stadt am südlichen Ufer des Po ist das eigentliche Tor ins Monferrato. Gleich hinter ihr beginnen die ersten sanft geschwungenen Hügel, die so charakteristisch für das Monferrato sind. Casale war von 1464–1713 Sitz der Monferrater Markgrafen und erlebte zu dieser Zeit seine größte Blüte. Von ständigen Belagerungen durch die Savoyer bedroht, baute man im 15. Jh. eine Festung und einen Bastionsgürtel, dessen Reste noch auf der **Piazza Castello** sichtbar sind. Die Piazza bietet sich durch ihren großen Parkplatz aus Ausgangspunkt für eine Stadtbesichtigung an.

Innenhof des Palazzo d'Alencon in Casale Monferrato

Über die Via Saffi erreicht man die **Piazza Mazzini** mit dem **Torre Civica**. Ganz in der Nähe steht der Dom **S. Evasio**, der bedeutendste Sakralbau der Stadt. Bereits die Vorhalle aus dem 11./12. Jh. mit ihrer prächtigen Kreuzwölbung hat das Format einer Basilika. Dabei wirkt der in einer engen Gasse gelegene Backsteinbau von außen eher unscheinbar. Zu den wichtigsten Ausstattungsstücken gehören das mit Silber beschlagene Holzkreuz aus dem 12. Jh. und die romanischen Mosaikfußbodenreste, die man geborgen und im Chorumgang aufgehängt hat.

Nördlich des Doms liegt die spätgotische Kirche **S. Domenico**. Über die Via Roma, heute Fußgängerzone und Einkaufsstraße und Via Alessandria erreicht man die ehem. **Synagoge** von 1595 an der Vicolo Salomone Olper, die an die einst große jüdische Gemeinde erinnert. Am Ende der Via Alessandria kommt man zum **Palazzo di Anna d'Alencon** mit seinem malerischen Arkadenhof. Der **Palazzo Treville,** Via Mamali Nr. 27–29, wurde 1710–1714 von G. B. Scapitta erbaut, durch eine gewölbte Eingangshalle kommt man in das mit Arkaden geschmückte geschwungene Atrium. Etwas weiter liegt der **Palazzo del Municipio** (Nr. 10) von 1778 und ihm gegenüber die Kirche **S. Paolo**.

> **Tipp**
> Wenn man Zeit hat, sollte man unbedingt eine Rundfahrt über Serralunga di Crea (Wanderung 3) und entlang des Pos flussaufwärts auf der Strada Panoramica bis Gabbiano, mit herrlichen Ausblicken auf die Poebene und ihre Reisfelder machen. Dieses Gebiet zählt zu den landschaftlichen Höhepunkten des nördlichen Monferratos.

 CASSINASCO

Höhe: 447 m	Karte: F4
Einwohnerzahl: 660	Wanderung: 23

Das Dorf ist das Tor zu dem Teil der Langhe, der zur Provinz Asti gehört. Hoch über dem Ort ragt der **Sarazenenturm** in den Himmel, der im Mittelalter zum Schutz gegen Feinde erbaut wurde.

Der Turm sieht immer noch halb verfallen aus, obwohl er erst kürzlich renoviert worden ist. Im Inneren kann man auf einer Treppe fast 20 m hinauf steigen und hat von oben einen schönen Rundblick in das südliche Monferrato und die Langhe mit den dahinterliegenden Seealpen.

Gegenüber vom Turm liegt die Pfarrkirche **S. Illario** mit ihrem pompös barocken Innenraum. Unweit von Cassinasco liegt in einem Wald die **Wallfahrtsstätte Caffi**, die mit ihren vielen weiß gekalkten Kuppeln eher an eine Moschee als an eine Kirche erinnert. Die Gründungslegende erzählt von einem von Geburt an taubstummen 13-jährigen Mädchen, das hier auf dem Hügel Schafe hütete. Eines Tages leuchtete vor ihr ein Strahlen auf, das ein Bild der Mutter Gottes umgab. Die Jungfrau Maria trug ihr auf, an dieser Stelle eine Kapelle zu errichten. Auf einmal konnte das Kind sprechen und hören. Dieses Wunder sprach sich rasch herum, es kamen immer mehr Pilger, so dass schließlich die Wallfahrtskirche Caffi erbaut wurde. Die vielen Votivgaben, Bilder und Dokumente von abgelegten Versprechen in ihrem Inneren sind Zeugnisse von zahlreichen Gebetserhörungen.

▶ ## CASTELNUOVO DON BOSCO

| *Höhe: 245 m* | *Karte: D2* |
| *Einwohnerzahl: 2 570* | *Wanderung: 1* |

Der Ort ist ein wichtiges Pilgerziel für alle Anhänger des hl. Don Bosco, denn 4 km von der kleinen Stadt enfernt liegt der **Colle Don Bosco**, auf dem die große moderne Wallfahrtskirche bereits von weitem zu sehen ist. Hier wurde **S. Giovanni Don Bosco** 1815 als Sohn verarmter Bauern geboren, der 1861 den Salesianer Orden gründete. Ihm zu Ehren wurde deswegen im 20. Jh. mit dem Bau der großzügig angelegten Kirche begonnen. Über ihr wuchtiges Erscheinungsbild streiten sich die Gelehrten. Die große Auffahrtsrampe mit Einbahnstraßenverkehr und der überdimensionale Parkplatz lassen ahnen, welcher Trubel

Geburtshaus des Hl. Don Bosco

hier an so manchen Festtagen herrscht. Viel beschaulicher ist das nahe gelegene Geburtshaus des Heiligen, ein bescheidener Bauernhof, in dem sich heute ein Museum über ihn befindet.

▶ CHERASCO

Höhe: 280 m	Karte: C5
Einwohnerzahl: 700	

Cherasco liegt auf einem Plateau über dem Zusammenfluss des Tanaro und der Stura di Demonte und nennt sich Italiens **Hauptstadt der Schnecken**. Dabei reicht hier die Tradition der Schneckenzucht gerade mal bis ins Jahr 1970 zurück. Damals waren neue Aufzuchtsmethoden gefragt, um die Qualität des Muskelfleisches der Weinbergschnecken zu verbessern. Dafür wurde 1972 in Cherasco das **Internationale Institut für Schneckenzucht** gegründet, dem mittlerweile weltweit einige tausend Unternehmen rund um die Schnecke angehören.

Ungewöhnlich sind die schachbrettartig angelegten Straßen des Ortes. Sie wurden beim Ausbau der Stadt im Mittelalter auf schon vorhandenem römischem Untergrund erbaut. Im Zentrum konnte sich beachtenswerte zivile und sakrale Bausubstanz vom Mittelalter bis zum Barock erhalten.

Der Torre del Comune von Cherasco

Fünfmal im Jahr findet hier eine international beachtete **Antiquitätenmesse** statt. Kein Wunder, dass auch heute noch eine altertümliche Atmosphäre über der Hauptpiazza mit dem **Rathaus**

und dem **Stadtturm** aus dem 13. Jh. zu schweben scheint. Aber der Eindruck täuscht. Denn Cherasco hat sich zu einer lebhaften engagierten Stadt entwickelt, in der kaum eine Woche ohne kulturelle Veranstaltung vergeht. Neben der Antiquitätenmesse gibt es Ausstellungen hochrangiger Künstler, Fotowettbewerbe, Open-Air-Festivals, Konzerte, Golfclubveranstaltungen, Oldtimertreffen und den bekannten Kongress der Schneckenzüchter, der natürlich auch allerhand Kulinarisches zu bieten hat.

Den Kern der Stadt bildet die große Kreuzung der **Via Cavour** und **Via Vittorio Ema-**

nuele II. an der **Piazza dei Caduti per la Libertà**. Am nördlichen Ende der Piazza steht der **Arco del Belvedere**, ein mit einer Muttergottesstatue und vielen Heiligen verzierter barocker Triumphbogen. Er grenzt an die Kirche **S. Agostino**. Beide Bauwerke wurden aufgrund eines Gelübdes errichtet. Als 1630 die Pest im Piemont Einzug hielt, flüchtete der gesamte Turiner Hofstaat in den damals als Sommerfrische bekannten Ort, der wie durch ein Wunder vor der Seuche verschont blieb. Zum Dank wurde der Bogen und die Kirche gestiftet.

Unweit von S. Agostino befindet sich die Kirche **S. Maria del Popolo**. Sie wurde auf den Überresten eines zerstörten Mauerturms 1693–1709 erbaut und ist mit ihrer mächtigen Kuppel und den Stuckarbeiten von **D. Beltramelli** ein anmutiges Zeugnis des Frührokoko. Über die Via Ospedale gelangt man zum **Palazzo Gotti di Salerano** (Nr. 40), der sich hinter einem mit prachtvollen Intarsien versehenen Portal befindet. In den farbenfroh von **G. C. Alberti** freskierten Räumen ist das **Museum Adriani** (Münzsammlungen, römische Ausgrabungen, Antiquitäten) untergebracht. Zurück auf dem Rathausplatz führt die durch schattige Arkadenbögen abgesetzte Straße Vittorio Emmanuele II. nach Süden zum **Palazzo Salmatoris**. Im Gegensatz zu seinem schmucklosen Äußeren sind die Räume reich mit Fresken und Stuck (um 1615) verziert. Durch häufig stattfindende Ausstellungen ist er der Öffentlichkeit zugänglich.

Das südliche Pendant zum Arco Belvedere ist die **Porta Narzole**, von der eine romantische Allee aus dicken Platanen zum **Castello di Visconti** mit seinen zwei quadratischen Verteidigungstürmen führt. Über die Via Roma und die Via Cavour kommt man ins Zentrum zurück. Ein Abstecher bietet sich noch nach links in die Via S. Pietro an. Hier steht die Kirche **S. Pietro**. Erbaut im 12. und 13. Jh. ist sie die älteste Kirche der Stadt und fällt durch ihre schöne Backsteinfassade mit Blendbogengliederung auf.

CINZANO BZW. VITTORIO D'ALBA

Höhe: 196 m   *Karte: D4*
Einwohnerzahl: 960

Asti Cinzano oder **Cinzano Vermouth** sind Produktnamen, die in der ganzen Welt bekannt sind. Es ist kaum zu glauben, dass ein Ort Namensgeber war. Doch, es gibt ihn wirklich, den Ort Cinzano, auch wenn er fast nur aus der gleichnamigen Firma besteht. Bereits 1703 lieferte die Familie Cinzano Liköre und Weine an das königliche Haus in Turin. Diese Tradition setzte sich fort, nur dass inzwischen neben Vermouth und Magenbitter seit dem Ende des 19. Jh die Produktion eines süßen Schaumweins hinzu kam. Über die Geschichte der Firma, ihre Produktion und ihre Marken kann man sich in einem Museum informieren.

In den **Archivi Storici Santa Vittoria,** Via St. Cinzano 63, ist auch eine wertvolle Glassammlung zu sehen, die über 140 bis zu 2000 Jahre alte Gläser aus aller Welt zeigt. Oberhalb von Cinzano liegt der wesentlich ältere Teil der Ortschaft, das Dorf **Vittorio d'Alba.** Wie hier üblich dominiert das **Castello Vittorio d'Alba.** Heute dient es friedlichen Zwecken, es ist in ein Restaurant und Hotel (Tel. 0172/47 81 98) umgebaut worden, das keine Wünsche offen lässt. Dieser gute Ruf hat sich bis Hollywood herumgesprochen. Hier wurden große Teile des Film »Das Geheimnis von Santa Vittoria« mit Anthony Quinn gedreht.

▶ CISTERNA D'ASTI

Höhe: 350 m	Karte: D3
Einwohnerzahl: 1 270	Wanderung: 9

Hoch über dem Ort ragt das **Castello di Cisterna** gegen den Himmel. Schon der Aufstieg zur Burg ist wie ein Gang durch vergangene Zeiten. Eng schmiegen sich die Gassen aneinander und winden sich einer Schnecke gleich bis zum höchsten Punkt. Viele der Straßennamen sind in piemontesischer Mundart geschrieben. Das ist eine Mischung aus Italienisch und Französisch, die hier noch von manchen Einheimischen gesprochen wird. Auch bei guter Kenntnisse beider Sprachen ist dieser Dialekt für Fremde völlig unverständlich.

▶ COCCONATO

Höhe: 491 m	Karte: D1/2
Einwohnerzahl: 1 650	Wanderung: 2

Wenn sich im Herbst undurchdringliche Nebelschwaden in den Tälern des Monferrato ausbreiten, ist die schönste Jahreszeit in Cocconato. Hoch oben auf einem steilen Hügel ragt der Ort fast immer aus dem Gewölk und bietet eine unbeschreibliche Aussicht über die sanften Hügel, von denen nur die höchsten, meist durch Burgen gekrönten Spitzen aus dem Grau ragen. Über die Poebene schaut man ins Licht der Alpen. Die charakteristische Pyramide des **Monviso** und die ligurischen Seealpen sind an solchen Tagen klar zu erkennen. Ein Höhepunkt ist schließlich der farbenprächtige Sonnenuntergang.

Der Name des Ortes wird aus vom lateinischen »Cum conato« abgeleitet, was nichts anderes als »mit Mühe« bedeutet. Das ist auch verständlich, denn durch die Abgeschiedenheit war der Handel mit den Bewohnern, das Herbeischaffen von Gütern und Baumaterial äußerst mühsam. Doch diese natürliche Abgeschiedenheit bringt heute Gewinn, denn es konnte sich ein sehr stimmungsvolles historisches Ortsbild erhalten. **Napoleon** nutzte Cocconato zur Einrichtung einer optischen Telegrafenstation, die ab 1809 Paris mit Mailand und Venedig verband. In regelmäßigen Abständen waren auf der gesamten Strecke Türme auf Anhöhen errichtet worden, von denen man mit optischen Signalen wichtige Nachrichten weitergab. **Turin** signalisierte nach Superga, von **Superga** ging es nach **Albugnano**, von dort las man die Nachricht in Cocconato und gab sie nach **Villadeati** weiter.

Der Turm, auf dem die Station stand, stammte aus dem 10. Jh., er ist inzwischen fast abgebrochen und an eine Privatvilla angegliedert. In der Hauptstraße **Via Roma** liegt das gotische Rathaus mit Verzierungen aus Terracotta, einem Laubengang und einem großzügigen Innenhof. Die umliegenden Häuser tragen gusseiserne Balkone und alte Eingangstore. An der **Piazza Statuto** und **Piazza Cavour** finden sich die wichtigsten Geschäfte, Bars und Restaurants, viele davon mit historischen Geschäftsschildern.

 ## CORTAZZONE

Höhe: 225 m
Einwohnerzahl: 605

Karte: D2

Cortazzone

Cortazzone ist vor allem wegen seiner Kirche **S. Secondo** bekannt. 1 km nord-östlich des Dorfkerns erhebt sich die in der ersten Hälfte des 12. Jh. erbaute romanische Kirche, kunsthistorisch eine der wichtigsten im Monferrato, denn sie hat im Laufe der Zeit nur sehr wenige

Veränderungen erfahren. Vor allem die Südseite ist reich verziert mit Friesen, Kapitellen und Reliefs. Vögel, Fabeltiere, Fratzen, Blumen, Blätter, aber auch ein lustig im Rundbogen kletterndes Menschenwesen lassen sich entdecken.

▶ CORTEMILIA

Höhe: 247 m	*Karte: E5*
Einwohnerzahl: 2 600	

Der Ort erstreckt sich links und rechts des Flüsschens Bormida. Er wird die heimliche **Hauptstadt der Haselnuss** genannt, die rund um Cortemilia angebaut und verarbeitet wird. Sehenswert ist die ehemalige Pfarrkirche **Madonna della Pieve** mit einer romanischen Apsis und die weit verstreute Ruinenlandschaft um den mittelalterlichen Wachturm der einstigen **Markgrafenburg**, die den Ort beherrschte.

▶ COSTIGLIOLE D'ASTI

Höhe: 242 m	*Karte: E4*
Einwohnerzahl: 5 650	*Wanderung: 10*

Der Ort hat seinen Namen nach der imposanten **Burg**, die einstmals der Contessa di Castiglione gehörte. Heute ist Costigliole mehr für seinen Wein und seine gastronomischen Spezialitäten bekannt. In der Burg befindet sich das **Internationale Institut der Italienischen Küche** für Ausländer, kurz ICIF. Junge ausländische Köche, besonders aus Japan und Amerika erlernen hier unter Anleitung von Experten die wahren Geheimnisse der echt italienischen kulinarischen Künste.

Um das Schloss gruppieren sich in engen und ruhigen Straßen alte Häuser und Winkel, die sich einen unversehrten Charme bewahren konnten. Neben den Kirchen **S. Confraternità della Misericordia** (1610–1825) und **San Gerolamo** gibt es noch die Pfarrkirche **Nostra Donna di Loreto**, in der die Familiengräber der Asinaris und Versaris liegen. Um diese Familie ranken sich nicht nur Legenden, sondern auch wahre historische Tatsachen. Markgraf **Filippo Asinari** (1767–1828) spielt im Wiener Kongress eine große Rolle. Seine Nichte, **Elisabetta Luisa**, Markgräfin von **Castiglione** war über 15 Jahre die Geliebte **Napoleons III.** Nach seinem Sturz wurde sie jedoch verstoßen und verbrachte den Rest ihres Lebens sehr einsam. Zu einer modernen Legende ist das **Restaurant »da Guido«** geworden. Hier wird seid 20 Jahren Geschichte der italienischen Küche geschrieben. In der nahe gelegenen **Café/Bar »Roma«**, Piazza Umberto I., probiert man, auch glasweise, vor allem Wein. Bier wird nicht ausgeschenkt, dafür eine Reihe sehr einfallsreicher selbst gemixter Weincocktails. Etwas außerhalb des Zentrums liegt die Wallfahrtskirche **Santuario della Madonnina.**

▶ DIANO D'ALBA

Höhe: 496 m	Karte: D5
Einwohnerzahl:3 000	Wanderung: 20

In Diano d'Alba gibt es Siedlungsfunde, die zeitlich weit vor die Römer weisen. Sicher ist, schon aufgrund des Ortsnamens, das auf dem Hügel einst ein Tempel der **Jagdgöttin Diana** stand. Historiker nehmen an, dass die Kapelle am Ortseingang auf seinen Grundmauern steht. Dort, wo einst die Burg stand, hat man im 17. und 18. Jh. die Pfarrkirche **S. Giovanni Battista** errichtet. Vom Platz vor dem Gotteshaus hat man einen der schönsten Blicke über die Langhe bis zur 8 km entfernten Stadt → **Alba**.

Rund um Diano d'Alba gedeihen einige der besten Traubensorten, die vor allem für den Barolo, aber auch für Dolcetto, Barbera und Nebbiolo verwendet werden. Dieser lässt sich in der Cantina della Porta Rossa, Piazza Trento e Trieste 5 probieren.

▶ DOGLIANI

Höhe: 300 m	Karte: D6
Einwohnerzahl: 4 500	

Dogliani am **Fluss Rea** ist vor allem als Zentrum des Dolcetto di Dogliani, eines hervorragenden Rotweins, bekannt. Der ältere Teil der Stadt erhebt sich auf einem Felsen über dem Fluss. In der **Sezione Castello**, der Oberstadt, drängen sich die Häuser eng um die Kirche **S. Lorenzo** aus dem 14. Jh. Hier scheint die Zeit stehen geblieben zu sein. Am Ende der Via Fontana stehen das **Castello dei Perno di Caldera** und der **Uhrenturm**. Von der kleinen **Piazza Belvedere** schaut man

Dogliani

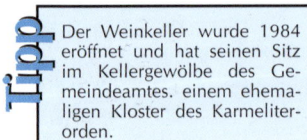

Tipp Der Weinkeller wurde 1984 eröffnet und hat seinen Sitz im Kellergewölbe des Gemeindeamtes, einem ehemaligen Kloster des Karmeliterorden.

auf die Unterstadt mit der etwas zu groß geratenen Pfarrkirche **S. Quirico e Paolo**. Der Backsteinbau ist von einer mächtigen Kuppel überspannt.

Parallel zum Fluss liegt hinter einer Häuserreihe versteckt die **Via C. Corti** und **Via Vittorio Emanuele**, der eigentliche Kern der Unterstadt. Man erreicht ihn über die **Porta Sottana** oder die **Porta Soprana**. In den zwei Hauptstraßen liegen kleine Läden unter den Arkaden, den **Portici**, die sich in der Mitte zur **Piazza Carlo Alberto** hin weiten. Hier wird dienstags und samstags ein lebhafter Markt gehalten

▶ FOSSANO

Höhe: 375 m	Karte: B5
Einwohnerzahl: 23 500	

Fossano

Fossano liegt nördlich von Cuneo auf einer Terrasse über dem Fluss **Stura di Demonte**. Auffällig ist die mächtige Burg **Castello dei Principi d'Acaia** erbaut.

Die Stadt selbst hat sich um die beiden Achsen der Hauptstraßen, die Via Garibaldi und Via Roma im rechtwinkeligen System entwickelt. Die Via Roma ist gesäumt von alten Stadthäusern, viele der Geschäfte liegen in schönen Laubengängen. Die Via Garibaldi führt in den ältesten Teil der Stadt, dem einstigen Borgo Franchi. Hier steht die Kirche **S. Filippo Neri**, deren Inneres von den Brüdern Pozzo ausgemalt wurde.

▶ GRINZANO CAVOUR

Höhe: 269 m	Karte: D5
Einwohnerzahl: 10 780	Wanderung: 20

Aus diesem kleinen Ort südlich von Alba stammt einer der bedeutendsten italienischen Politiker des 19. Jh.: **Graf Camillo Benso von Cavour**. Man sah ihn als so wichtig an, dass nicht nur der ganze Ort nach ihm benannt wurde, sondern auch in jeder italienischen Stadt mindestens eine Straße oder ein Platz den Namen Cavour erhielt. Graf Benso Cavour war 1861 als Minister im pie-

montesischen Kabinett maßgeblich an der Einigung Italiens zum Königreich unter Vittorio Emanuele II. beteiligt. Er war von 1832 bis 1849 Bürgermeister des kleinen Ortes und wohnte im **Castello di Grinzane.**
Neben der großen **Enoteca** im Erdgeschoss sind im Inneren die ehemaligen Wohnräume von Benso Cavour und ein kleines **Völkerkundemuseum** interessant. Das Restaurant im Schloss, die **Trattoria dell'Enoteca** verfügt nicht nur über eine reichhaltige Weinkarte, sondern bietet auch eine hervorragend traditionelle Küche mit Produkten der Saison.

Ein Abbild des Grafen C. B. von Cavour

▶ GUARENE

Höhe: 360 m	*Karte: D4*
Einwohnerzahl: 2 040	*Wanderung: 12*

Über dem Ort liegt das imposante und aus großer Entfernung sichtbare **Castello di Guarene.** 1726 wurden die Burg und der großzügig angelegte Garten im italienischen Stil umgebaut. Im Inneren sind noch viele Säle in prunkvoller barocker Ausstattung erhalten. Vom Ort aus hat man einen weiten Blick über das Tal des Tanaro mit seinen Obstfeldern, die Hügelausläufer der Langhe mit Dörfern wie → **Barbaresco**, → **Neive**, Castagnole Lanze und der Stadt → **Alba**.

Im Hintergrund das Schloss von Guarene

▶ LA MORRA

Höhe: 513 m	*Karte: C/D5*
Einwohnerzahl: 2 400	*Wanderung: 16*

Der ehemalige Festungsort liegt im Barolo-Anbaugebiet und wird wegen seiner Panoramalage gern als **Balkon der Langhe** bezeichnet. Wenn im Herbst bereits die ersten Nebelfelder die niedrig gelegenen Hügel in weiße Wolken packen, hat man von hier einen weiten Blick über die Langhe bis auf die Westalpen. Im historischen Zentrum finden sich Reste der einst mittelalterlichen Stadtbefestigung, die 1526 im Monferrater Erbfolgekrieg zerstört wurde. Auf der Piazza del Castello, dem einstigen Standort der Festung, hat man 1710 den **Torre Municipale** errichtet, der auch Torre della Campaneria genannt wird. Hier findet sich auch das hervorragende und bereits seit den 50er Jahren bekannte **Restaurant Belvedere**, das neben seiner traditionellen Küche vor allem in den Sommermonaten durch seine romantische Lage besticht. Ein Besuch in der **Cantina Communale della Morra** rundet den Aufenthalt ab. Im Palazzo Marchesi della Falletti haben sich 38 Barolo-Produzenten des Ortes zusammengeschlossen, deren Lagen käuflich zu erwerben sind.

Die Benediktinerabtei **Annunziata** unterhalb von La Morra hat früher das kulturelle und wirtschaftliche Leben in La Morra stark beeinflusst. Die Mönche waren die ersten Siedler und gelten als Pioniere des Weinbaus. Von ihnen zeugt noch die ehemalige Kirche **S. Martino**, deren Grundmauern romanischen Ursprungs sind. 1684 wurde sie völlig umgebaut, dennoch blieben in ihrem Innern ältere Fresken erhalten. Um die Kirche stehen noch einige alte Klostergebäude, in deren Kellern heute das **Weinmuseum** des 1988 verstorbenen Renato Ratti untergebracht ist. Ratti war Schriftsteller und Önologe, Weinkenner zugleich, ein wesentlicher Förderer des Ausbaues von Qualtätsweinen im Piemont.

▶ MANTA

Höhe: 404 m	*Karte: A5*
Einwohnerzahl: 1 800	*Wanderung: 18*

3 km südlich von → **Saluzzo** erhebt sich die von den Markgrafen von Saluzzo erbaute mittelalterliche **Burg Manta** über dem gleichnamigen Ort. Sie diente der Verteidigung gegen die Ebene hin und galt als Bollwerk und Schutz für die Hauptstadt der Markgrafen, Saluzzo. 1416 vererbte **Tommaso III.** die Burg an seinen unehelichen Sohn **Valerano**. Das war eine ungewöhnliche Geste, denn zur damaligen Zeit hatten illegitime Familienmitglieder keinerlei Anspruch auf Titel oder Erbschaft. Die von Valerano gegründete Dynastie erweiterte die Burg und baute sie zu einer gotischen Residenz aus. Bereits Valerano

ließ den Festsaal, die **Sala Baronale,** durch Fresken ausschmücken. Er ist der Höhepunkt jeder Schlossbesichtigung. Valerano ließ 9 Helden und 9 Heldinnen auf die Wand malen, um seinem Vater Tommaso III. ein Denkmal zu setzen.

Dieser war nicht nur ein Herrscher, Ritter und Krieger, sondern pflegte auch die Schreibkunst, damals für einen Ritter völlig ungewöhnlich. Unter seiner Feder entstand das Epos »Le Chevalier errant«, eine Art Ritterroman, bei dem über Tapferkeit, Tugend, Lebensweisheit, Liebe und wahre Erkenntnis geschrieben wird und der kein Thema menschlichen Lebens auslässt. Nach seinen Versen wurde das Wandbild gemalt. Das Besondere daran ist seine Doppeldeutigkeit. Porträts von Helden und Heldinnen der Geschichte sind gleichzeitig Bildnisse der Markgrafen und ihrer Frauen von Saluzzo. Valerano hat somit den unabdingbaren Beweis seiner Abstammung im Festsaal anbringen lassen. Alle sind in prächtigen gotischen Gewändern und Rüstungen zu sehen.

An der gegenüberliegenden Wand befindet sich ein Freskenzyklus mit einem ganz anderen Thema. Mit viel Witz und Sarkasmus wird der Andrang von Kaisern, Bischöfen, Königinnen, Bauern und Kranken auf den **Jungbrunnen** dargestellt, der neue Lebenskraft verleihen sollte. Besonders das Resultat nach dem Bad strotzt vor Ironie. Bis heute wurde nie ganz geklärt, wer diese Bilder gemalt hat, sicher ist nur das Datum ihrer Entstehung: 1440.

► **MOMBARCARO**

Höhe: 896 m	Karte: D6
Einwohnerzahl: 577	Wanderung: 26

»Ein bizarres Dorf, das wie ein altes Schiff auf dem Kamm eines hohen Hügels befestigt zu sein scheint, wie auf einer Sturzwelle eines stürmischen Meeres, das mit einem Schlag plötzlich stillstand«, so schrieb **Beppe Fenoglio** in seinem Roman »Johnny der Partisan« über den Ort. Der Name stammt wirklich von **Monte delle Barche** (Berg der Boote), denn an klaren Tagen kann man vom höchsten Punkt des Ortes sogar das ligurische Meer bei Savona sehen. Der Ort liegt etwas unterhalb eines riesigen **Sarazenenturms.** In der etwas außerhalb liegenden Kirche **S. Rocco,** die aus Dank für das Ende der Pestepidemie im 16. Jh. erbaut wurde, finden sich farbenfrohe Fresken verschiedenster Heiliger.

▶ MONASTERO BORMIDA

Höhe: 191 m	Karte: F5
Einwohnerzahl: 1 160	Wanderung: 23

Der Ort liegt am **Fluss Bormida**, über den die romanische Brücke mit vier trutzigen Steinpfeilern führt. Der Ort selbst ist ein harmonischer Komplex von historischen Bauten. Im mittelalterlichen Kern liegt die fast quadratische **Burg** mit den zwei Ecktürmen. Früher war es eine Benediktinerabtei, die im 14. Jh. in eine Festung umgewandelt wurde. Heute befindet sich hier das Rathaus des Dorfes. Über dem Gebäude ragt der große **Glockenturm** aus dem 11. Jh. Rings um die Burg findet man viele malerische Winkel und Gassen. An der Piazza XX. Settembre steht die Pfarrkirche **S. Giulia**. Anstelle des linken Seitenaltars gibt es eine herrlich kitschige Nachbildung der Grotte von Lourdes. Auf den Glasfenstern sind die Kirchen und Kapellen der näheren Umgebung farbenfroh abgebildet.

▶ MONCALVO

Höhe: 305 m	Karte: F2
Einwohnerzahl: 3 900	

*Marktplatz
mit dem
Theater von
Moncalvo*

Moncalvo liegt auf einer kleinen Anhöhe. Enge verwinkelte Gassen winden sich zum höchsten Punkt des Ortes; hier finden sich

Reste von **Verteidigungsanlagen.** Auf der kleinen Piazza unterhalb der Befestigungsmauern wird im November die berühmte **Trüffelmesse** mit anschließendem Markt und Festessen abgehalten. Entlang der Hauptstraße stehen manche schönen Adelspaläste und die gotische Pfeilerbasilika **S. Francesco.**

▶ MONDOVI

Höhe: 280 m	Karte: B6/7
Einwohnerzahl: 21 600	Wanderung: 29

Mondovi liegt am südlichsten Rand der Langhe und gehört eher zur Gegend von **Monregalese**, ein alpines Gebiet, das sich südlich der Stadt bis zur ligurischen Grenze hinzieht. Es ist ein idealer Ausgangspunkt für Ausflüge in den Naturpark **Val Pesio**, zu den Skizentren Frabosana, Artesina und Prato Nevoso, zum Kurort Lurisia und den Grotten Bossea, Caudano und dei Dossi.

Die Stadt teilt sich in eine Oberstadt der **Piazza**, und eine Unterstadt, den **Brero**. Zwischen dem Brero und der Piazza verkehren etwa alle 30 Min. Busse. Den Rundgang beginnt man am

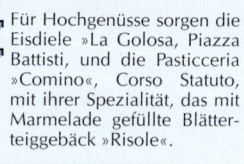

besten im Stadtviertel Piazza. Hier liegen an der Via Vico, rund um die Piazza Maggiore, und der Via Scuole die Sehenswürdigkeiten der Oberstadt. Vom **Parco Belvedere** mit seinem mittelalterlichen **Torre Civica** genießt man einen großartigen Blick auf die Unterstadt und das Tal des Ellero. Auf der **Piazza Maggiore** genießt man seinen Kaffee in der Cafeteria Antica Borgo, abends öffnet die Vineria Matone Rosso ihre unterirdischen Gewölbe. 150 m tiefer liegt die lebhafte, kommerziell geprägte Unterstadt Brero. Am **Corso Statuto** liegen viele Geschäfte, Cafés und Bars. Dienstag und Samstag findet auf dem Corso Statuto und der **Piazza Ellero** ein großer Markt statt. Entlang der Via Beccaria mit der Piazza Roma und der Piazza Battisti findet man noch mehr Sehenswürdigkeiten.

Eine halbstündige Autofahrt von Mondovi entfernt liegt die Grotte di Bossea. Eine der größten Tropfsteinhöhlen Europas.

▶ MONFORTE D'ALBA

Höhe: 528 m	*Karte: D5*
Einwohnerzahl: 2 000	*Wanderung: 19*

Der Ort befindet sich mit seinem ältesten Teil in herrlicher Lage auf der Spitze eines Hügels. Der Name geht auf eine gemauerte **Festung** (Mons-Fortis) zurück. Anstelle der alten Festung wurde 1706 ein neues Schloss erbaut, es gehört der Familie Scarampi del Cairo. Ganz in der Nähe, neben zwei weiteren Gotteshäusern steht der Rest eines Kirchturms, eines romanischen Baus, der erst Anfang des Jahrhunderts abgerissen wurde.

▶ MONTECHIARO D'ASTI

Höhe: 292 m	*Karte: E2*
Einwohnerzahl: 1 360	*Wanderung: 4*

Der Hauptanziehungspunkt des kleinen Ortes, die Kirche **S. Nazario e Celso**, liegt versteckt und von Bäumen umgeben auf einem Hügel etwas außerhalb. Sie stammt aus dem 11. Jh. und besticht durch ihre schöne, dekorative Fassade und dem fast 18 m hohen, rotweiß gestreiften Glockenturm. Das Gotteshaus wurde einst für das Dorf Mairano erbaut, dessen Bewohner im 13. Jh. in den nahen, strategisch günstiger gelegenen Ort Montechiaro umsiedelten. Der neue Ortskern ist immer noch von einer alten Befestigungsmauer umgeben. Das Zentrum, die **Piazza Umberto** mit dem Rathaus und der Pfarrkirche **S. Catherina** von 1696, erreicht man durch den mittelalterlichen Torre Civica.

▶ MONTEMAGNO

Höhe: 260 m	*Karte: F2*
Einwohnerzahl: 1 470	*Wanderung: 7*

Montemagno erkennt man schon von weitem an seiner unverwechselbaren Silhouette, die von der alles überragenden **Burg** mit ihren Türmen und gibellinischen Zinnen in den Himmel geschrieben wird. Dicht gedrängt stehen unter der Burg niedrige Häuser mit blumengeschmückten Balkonen und hölzernen Eingangstoren. Imposant ist die Piazza **S. Martino** mit einer monumentalen Freitreppe, die auf die barocke Pfarrkirche mit ihrer Säulenvorhalle zuführt. In der Kirche **S. Maria della Cava** gibt es einen Freskenzyklus aus dem 14. Jh., der jedoch dringend Restaurierung nötig hätte. Am süd-östlichen Ortsrand stehen die zwar schlecht erhaltenen, aber kunsthistorisch wertvollen Ruinenreste der ehemaligen romanischen Kirche **S. Vittorio**.

Romanisches Kapitell in der Kirche S. Lorenzo

▶ MONTIGLIO

Höhe: 321 m	*Karte: D/E2*
Einwohnerzahl: 1 808	

Etwas außerhalb des Ortszentrums befindet sich eines der großen Zeugnisse romanischer Kirchenkunst des Monferratos, die Kirche **San Lorenzo** am Ende einer Allee am Friedhof. Hier ist vor allem das Innere von Bedeutung. Auf drei Seiten sind die Kapitelle mit filigranen Ornamenten und figürlichem Schmuck verziert. Den Schlüssel erhält man gegen Vorlage des Personalausweises im Rathaus. Es liegt etwas versteckt, aber gut ausgeschildert in den engen Gassen unterhalb des **Castello Boraselli di Rifreddo**, das heute als Altersheim dient. In dessen Park liegt die romanisch-gotische Kapelle **S. Andrea**.

 ## MURAZZANO

Höhe: 739 m	*Karte: D6*
Einwohnerzahl: 1 250	*Wanderung: 27*

Schon aufgrund seiner Lage und Höhe unterscheidet sich Murazzano von den anderen Dörfer der Alta Langhe. Es ist ein Ort wie aus dem Voralpenland. An klaren Tagen scheinen die Dreitausender des Westalpenbogens direkt hinter dem mittelalterlichen **Turm** des Ortes aufzusteigen. Er ist der Rest einer mittelalterlichen Befestigung, die es früher in allen strategisch begünstigten Orten gegeben hat. Obwohl Murazzano nicht viel mehr als

Blick von Murazzano auf die Westalpen

1 000 Einwohner hat, erweckt es eher den Charakter einer Kleinstadt als den eines landwirtschaftlich geprägten Dorfes. Viele Häuser an den engen Gassen, Torbögen, Arkaden an der Piazza Umberto I., die schöne Pfarrkirche **S. Lorenzo** und die Wallfahrtskirche **Ma-**

donna di Hal unterstreichen diesen Eindruck. Außerdem ist der Ort weit über seine Grenzen hinaus durch ein landwirtschaftliches Produkt bekannt, den Käse »Toma«.

NEIVE

Höhe: 308 m	*Karte: E4*
Einwohnerzahl: 2 740	*Wanderung: 13*

Neive gilt unter den Kennern der Langhe als ihr schönster Ort. Dabei ist gerade die neu gebaute Siedlung am Fuß des Hügels entlang der Eisenbahn alles andere als einladend. Doch das historische Zentrum oben am Berg rund um den Campanile ist nahezu intakt. Dabei lässt sich streiten, ob die Touristen wegen der romantischen Gassen und Torbögen, wegen der netten Hauptstraße mit der **Piazza Italia**, den Kirchen und kleinen Adelspalästen und Villen kommen. Viel näher liegend erscheinen weltliche Gelüste. Neive ist ein wahres Schlaraffenland. In der Via XX. Settembre 52 liegt das Weingut von **Bruno Giacosa**, ein Produzent mit internationaler Anerkennung und einem dementsprechenden »Run« auf seine schon zur Legende gewordenen Qualitätserzeugnisse. Spitzenlagen wie der Barbaresco S. Stefano rangieren dabei an oberster Stelle. Vielleicht ist es auch die gute Küche des Restaurants **La Contea**, Piazza Cocita 8, von deren Ruf die Fremden in den Ort geführt werden. In den liebevoll dekorierten Räumen bemüht sich Familie Verro hervorragend um ihre Gäste und serviert genussvolle Überraschungen aus der traditionellen Küche der Langhe, meist aus überlieferten alten Rezepten. Viele Besucher kommen auch wegen Signore **Romano Levi**. Er ist mittlerweile eine Institution unter den Grappabrennern. Am besten erkundigt man sich im Ort nach seinem kleinen Haus mit der Destillerie. Auch wenn Sig. Levi das Gegenteil behauptet, ist ihm die Begabung zum Destillieren des Tresterschnapses wohl in die Wiege gelegt worden. Um sein Leben und seine Geschichten hat sich eine eigene Philosophie gebildet, die alle Gäste in den Bann ziehen. Nach wie vor produziert er alles, vom ersten bis zum letzten Arbeitsschritt, selbst. Seine liebevoll bemalten Flaschenetiketten besitzen Sammlerwert. Romano Levi verkauft auch nicht an jedermann. Er muss an seinem Kunden Gefallen finden und er muss sich sicher sein, dass sein Grappa geschätzt wird, ansonsten fragt man vergeblich nach dem guten Tropfen.

Kein Wunder, dass die Flaschenpreise im Handel ins Unermessliche steigen. Aus des Meisters Hand dagegen und persönlich erstanden ist alles erschwinglich. Vielleicht ist es der Reiz des nahezu Unerreichbaren, der die Hoffnung, die Vorfreude und somit zumindest die Lust weckt, zu so einer Flasche zu kommen. Einfacher, wenn auch viel teurer findet sich der Grappa in den zwei wichtigen Weinhandlungen des Ortes. Im **L'Aromatario** an der Piazza Negro mit der Kirche S. Pietro e Paolo und in **La Cinciallegra,** gegenüber von La Contea.

▶ NIZZA MONFERRATO

Höhe: 138 m	*Karte: F4*
Einwohnerzahl: 10 118	

Der Ort hat sich am Zusammenfluss der Bäche Nizza und Belbo zu einem lebhaften Handelszentrum entwickelt. Schon im Mittelalter wurde der Ort von Händlern aus Ligurien, der Lombardei

und dem Piemont be-
sucht. An der **Piazza
Maritri d'Alessandria**
stehen schöne Zeugnis-
se von Adels- und Kauf-
mannspalästen. Auch
der prächtige **Palazzo
Comunale** mit seinem
Turm ist ein Überbleib-
sel aus der Blüte des
Handels. Über die
Hauptstraße mit engen
dunklen Laubengängen
erreicht man die Piazza
Dante. Hier kann man

*Das mittelal-
terliche Rat-
haus von
Nizza Mon-
ferrato*

im **Museum Bersano delle Contadinerie** Weinpressen und andere landwirtschaftliche Werkzeuge besichtigen.

▶ NOVELLO

Höhe: 471 m	Karte: D5
Einwohnerzahl: 900	Wanderung: 19

Novello ist auf einen aussichtsreichen Hügelrücken gebaut. An
der **Piazza Caduti** lässt sich bei einem Cappuccino aus der Roxy-
Bar die Fernsicht in angenehmster Weise genießen. Durch den
Uhrturm betritt man den alten Dorfkern. An der **Piazza Vittorio
Emanuele** stehen die beiden barocken Kirchen **S. Michele** und
S. Giovanni. Bei einem Spaziergang auf der Hauptstraße fallen
mächtige Torbögen und Portale der herrschaftlichen Häuser auf.
Am anderen Ende des Dorfes liegt das Hotel und Restaurant
Castello di Novello, das im Stil eines neogotischen, überaus kit-
schigen Märchenschlosses gebaut ist; es ist versehen mit Zinnen,
Krönchen und Spitzbögen und erinnert an »Zuckerbäckerarchi-
tektur« und Hollywoodfilmkulisse gleichermaßen.

▶ PERNO

Höhe: 395 m	Karte: D5
Einwohnerzahl: 210	Wanderung: 21

Perno ist ein beschaulich ruhiger Ort, der mit seinem weiß ver-
putzten **Schloss** aus der Umgebung heraussticht. Es ist in Privat-

Das Schloss von Perno

besitz einer Schweizer Unternehmerfamilie und für Besichtigungen nicht geöffnet. Etwas außerhalb liegt die Friedhofskirche **S. Stefano** aus dem 12. Jh.

▶ PIOVÀ MASSAIA

Höhe: 300 m	*Karte: D2*
Einwohnerzahl: 720	*Wanderung: 2*

Das Dorf wird optisch von der Pfarrkirche **Ss. Pietro e Giorgio** dominiert, die sich mit ihren mächtigen Backsteinmauern über die Dächer erhebt. Der Ort besteht eigentlich aus zwei Kernen. Auf dem Monte Cornegliano stand das **Ricetto** und auf dem nahen zweiten Hügel, dem »bricco« , standen die einfachen Häuser der Bauern. Jeder der Kerne besaß seine eigenen Kirchen, **S. Rocco, S. Carlo oder Madonnina**.

▶ PORTACOMARO

Höhe: 232 m	*Karte: E2/3*
Einwohnerzahl: 1 690	*Wanderung: 5*

Portacomaro hat sich aus einem ehemaligen befestigten **Ricetto** gebildet, der einsam in einem Akazienwäldchen lag. Vier Brunnen, einen davon finden wir neben dem Restaurant Bottega del Grignolino, spendeten ausreichend Wasser zum Überleben bei Belagerung und kühlten gleichzeitig die Vorräte.

Tipp

Um das ehemalige Ricetto bildete sich das heutige Dorf, ein Zentrum des bei uns fast unbekannten und seltenen Weines **Grignolino**. Diesen probiert man bei den Brüdern Durando in der Cantina Durando, Viale Degiani 33. Das ist ein leidenschaftlich geführter Familienbetrieb, dessen Produkte in der Qualität denen von großen und bekannten Erzeugern (wie Castello di Poggio) nicht nachsteht.

▶ ROCCAVERANO

| Höhe: 759 m | Karte: E5 |
| Einwohnerzahl: 600 | Wanderung: 24 |

Der Ort liegt fast einsam und verlassen in der Langhe. Über viele Serpentinen zieht sich die Straße aus dem Bormidatal zum Ort nach oben. Roccaverano will erst entdeckt werden. Nur im Sommer kommen die Touristen und erfreuen sich an der kühleren, fast schon alpinen Luft. Aber Roccaverano kann auch mit einer seltenen kunsthistorischen Köstlichkeit aufwarten. Seine Kirche **S. Maria Assunta**, in dem im Piemont so seltenen Renaissancestil erbaut, wird immerhin **Donato Bramante** zugeschrieben. Während ihr Inneres fast schmucklos ist, zieren die Westfassade feine Ornamente und Reliefs. Gegenüber dem Gotteshaus liegt auf der Piazza Vittorio Emanuele II. die Burgruine **Castello del Carretto** mit dem mittelalterlichen Turm, der sich besteigen lässt. Die Friedhofskirche **S. Giovanni**, etwas außerhalb gelegen, ist kunsthistorisch ebenfalls sehr wertvoll.

Das Innere besticht durch gekonnte Freskenmalerei aus dem 14. Jh. In der Apsis finden wir die äußerst lebhaft erzählte Geschichte von Johannes dem Täufer, alle abgebildeten Personen sind mittelalterlich bekleidet. Unweit davon steht auf einer kleinen Kuppe der Sarazenenturm **Torre Vengore**. Einem mahnenden Finger gleich streckt er sich einsam in den Himmel, Schafe und Ziegen umweiden ihn. Roccaverano ist Sitz der Käsereigenossenschaft **Robbiola**, ein mit dem D.O.C.-Prädikat ausgezeichneter Käse, der sehr frisch gegessen wird.

Renaissance-kirche in Roccaverano

▶ ROCCHETTA TANARO

Höhe: 107 m   *Karte: F3*
Einwohnerzahl: 1 680

Der Ort lockt vor allem als »Souvenir-Abstecher«. An der weitgehend verkehrsberuhigten Piazza Italia im Zentrum findet man die Bäckerei »Il Panaté« von Mario Fondo. Er ist Erfinder der hauchdünnen, 50 cm langen **»Lingue di Suocera«**. Diese »Schwiegermutterzungen« schmecken ein wenig wie Grissini und bestehen nur aus Mehl, Wasser, Salz und Olivenöl. Sie werden als Vorspeise zu Wein, Salami und Käse gereicht.

In der Azienda **Agricola »La Curiona«**, Loc. Bossoleto 3, verkauft Eleonora Beraudo di Pralormo selbst eingelegte Delikatessen, Soßen aller Art, Marmeladen, Öle, Kräuter und Naturkosmetik. In der gemütlichen **Trattoria Bologna**, Via Nicola Sardi 4, kann man ein hervorragendes Essen mit Spitzenweinen genießen, die meist aus der **Cantina Braida**, Via Roma, stammen. Das ist der Produzent eines hervorragenden Barbera d'Asti Superiore. Das Problem ist nur, dass die besten Jahrgänge immer schnell vergriffen sind. Etwas westlich des Ortes liegt der unter Naturschutz stehende **»Parco naturale di Rocchetta Tanaro«**. Das hügelige Gebiet ist von Eichen, Kastanien, Robinien und Buchen bewachsen und beherbergt eine reiche Tierwelt.

▶ RODDI

Höhe: 284 m   *Karte: D4*
Einwohnerzahl: 1 250   *Wanderung: 15*

Spiralförmig ziehen sich die engen Gassen hoch bis zum ehemaligen **Schloss** an der Spitze des Hügels. Das Gebäude stammt aus dem 11. Jh., seine heutige Gestalt erhielt es durch völligen Umbau im 15. Jh. Gleich daneben liegt an einer beschaulichen Piazza die Pfarrkirche. Vom Hügel aus schaut man in den Norden auf die Schlösser entlang des Tanaro und nach Süden bis weit in die Langhe.

▶ SALICETO

Höhe: 389 m   *Karte: E6*
Einwohnerzahl: 1 500   *Wanderung: 20*

Der Ort liegt im südlichsten Zipfel der Alta Langhe und gilt vielen Reisenden nur als Durchgangsort auf dem Weg zu den liguri-

Das Schloss gehört heute der Gemeinde, zu seiner Besichtigung erkundigt man sich im Ort nach Sig. Diego Moretto, der einem gern weiterhilft. Im Pfarrhaus neben der Kirche S. Lorenzo erhält man auch Auskunft über die Öffnungszeiten der Kirche **S. Agostino**, die in der Nähe der Pfarrkirche im 13. Jh. erbaut wurde. Ihr Inneres ist übervoll mit wunderschönen gotischen Fresken dekoriert.

schen Stränden. Dabei sollte ein Abstecher in die engen, mit Arkaden abgesetzten Gassen, wie die Via Vitt. Emanuele nicht schwer fallen. Auf der **Piazza S. Lorenzo** steht eine der wenigen Renaissancekirchen der Langhe. Gegenüber erhebt sich das **Castello del Carretto**.

▶ SALUZZO

Höhe: 340 m	*Karte: A5*
Einwohnerzahl: 17 900	*Wanderung: 17*

Saluzzo ist eine Stadt wie aus dem Bilderbuch. Egal von welcher Zufahrtstraße man sich nähert, die Silhouette von Saluzzo liegt wie ein aufgeklappter Fächer über dem Hügel und über allem scheint der schneebedeckte Gipfel des 3841 m hohen **Monviso** zu wachen. Die Stadt beherbergt einmalige Kunstschätze und überdies ein intaktes, historisches Stadtbild, das im Lauf seiner Geschichte stark vom nahen Frankreich beeinflusst wurde. Saluzzo war die Hauptstadt der gleichnamigen Markgrafen, die sich hier im Mittelalter eine Residenz aufbauten.

Die Stadt teilt sich in ein modernes, wirtschaftlich geprägtes unteres Viertel und in eine malerische, stille **mittelalterliche Oberstadt**. In der **Unterstadt** entlang des Corso Italia liegen Geschäfte, Läden und Boutiquen. Erwähnenswert sind die reiche Auswahl an heimischen Käsespezialitäten in der »Casa del Parmigiano«, Corso Italia 112, die gut sortierte Weinhandlung »La Bote Gaia«, Piazza Garibaldi 7/8, und das Café »Almont« mit angeschlossener Konditorei am Corso Italia, in dem es eine hervorragende Mandeltorte gibt. In der Oberstadt, die vom gotischen **Glockenturm S. Giovanni** und dem **Torre Civica** sowie dem **Castello »Castiglia«**

Der Torre Civica in der Oberstadt von Saluzzo

überragt wird, geht es eher ruhig zu. Einige wenige Restaurants liegen in den Gassen, ansonsten kommt hier vor allem der Kulturfreund auf seine Kosten. Im so genannten Saluzzese, dem Land um Saluzzo finden sich viele Sehenswürdigkeiten von kunsthistorischem Interesse und großem landschaftlichem Reiz. Ein Abstecher lohnt sich zum Kloster in → **Staffarda** oder in die → **Täler** der Alpen.

▶ SAN BENEDETTO BELBO

Höhe: 637 m	*Karte: D6*
Einwohnerzahl: 200	*Wanderung: 26*

Das Dorf war die Heimat des italienischen Schriftstellers **Beppe Fenoglio** (1922–1963), wo er, wie er selbst in seinen Memoiren schreibt, eine glückliche Jugend verbrachte. Viele seiner Romane und Geschichten gründen sich auf Erinnerungen und Erlebnissen aus dieser Zeit. Er schreibt von Partisanenkämpfen während der deutschen Besatzung, aber auch vom einfachen Leben auf den Bauernhöfen der Umgebung, von den Bräuchen und Festen, den Menschen und ihrer Arbeit.

Auf dem Platz vor den beiden Kirchen spielte er stundenlang »**Pallone elastico**«, ein volkstümliches Ballspiel, das vor allem in der Langhe und in Ligurien heimisch ist. Der Name S. Benedetto Belbo stammt übrigens von seinen ersten Bewohnern. Benediktinermönche siedelten hier, bewirtschafteten als erste das Land und nutzten die Wasserkraft des Flusses Belbo.

An der Piazza Santarosa in Savigliano

▶ SAVIGLIANO

Höhe: 320 m	*Karte: B5*
Einwohnerzahl: 19 000	

Lange war Savigliano fast vergessen, erst nach dem Zweiten Weltkrieg begann man, die Stadt behutsam zu erneuern. Ein städtebaulicher Höhepunkt ist die **Piazza Santorre di Santarosa** mit Fassaden, die bis in das 15. Jh. zurückgehen.

Der **Torre del Comune** überragt immer noch die Häuser und gilt als Wahrzeichen der Stadt. In der Via S. Andrea steht die dem hl. Andreas geweihte und barock ausgestattete **Stiftskirche**; ihr gegenüber kann man den dreigeschossigen Innenhof des **Palazzo Taffini d'Acceglio** besuchen.

▶ SERRALUNGA D'ALBA

Höhe: 414 m	*Karte: D5*
Einwohnerzahl: 505	*Wanderung: 21*

Über schier endlose Weinberge ragt das von weither sichtbare Erkennungszeichen des Ortes, das **Castello di Serralunga d'Alba** in den Himmel. Seine Riesentürme garantierten eine weite Sicht, rechtzeitig konnte man einen sich nähernden Feind ausfindig machen, Alarm schlagen und die Stadt verteidigungsbereit machen. Inzwischen gehört die Burg zu den am besten erhaltenen Wehranlagen in den Langhe. Sie diente immer nur der Verteidigung und war nie für repräsentative Zwecke benutzt worden. Das erklärt die eher spartanisch anmutende Innenausstattung, die ganz und gar nicht wohnlich anmutet. (Eine Besichtigung ist mit Führung möglich).

Rund um die Burg verbreitet der Ort mit seinen kreisförmig verlaufenden Gassen eine mittelalterliche Atmosphäre. Im **»L'Inferno del Castel«**, Via Roma 2, gibt des neben dem Chinato eine große Auswahl hiesiger Weine und Feinkostspezialitäten. Ebenso findet man im Delikatessengeschäft **»La Contrada«**, Via Roma 48, verschiedene Grappasorten, Torrone (Nougatkonfekt) sowie Haselnusstorten, eingelegte Früchte, aber auch künstlerische Bilder aus der Langhe des Fotografen F. Giaccone.

Die Burg von Serralunga d'Alba

Im Kreuz-gang der Abtei Staffarda

 STAFFARDA

Höhe: 267 m   Karte: A4
Einwohnerzahl: 200

Hier steht die eindrucksvolle Zisterzienserabtei **S. Maria** mit ihren Klostergebäuden, die von weitem schon durch den dunkelroten Klinkerstein charakterisiert wird. Sie wurde 1135 gegründet und entwickelte sich zu einem blühenden kulturellen und landwirtschaftlichen Zentrum. Neben der Kirche und dem Kreuzgang können der Kapitelsaal und das ehem. Hospiz besucht werden.

 TÄLER

Da das Piemont rundum fast komplett von Bergen umgeben ist, gibt es natürlich auch eine Menge Seitentäler, die zum Teil in hochalpine Regionen führen oder sogar zu Passstraßen über die Alpen in die angrenzenden Länder werden. Westlich von Turin liegt das breite Susa-Tal, **Val Susa,** an dessen Ende man über den Tunnel von Fréjus nach Frankreich gelangt. Es ist bekannt durch das mittelalterliche Kloster **Sacra di S. Michele**, die Stadt **Susa** mit ihren vielen römischen Baudenkmälern, der Festung **Exilles** und vielen weiteren kleinen Seitentälern.

Im Val Chiusone liegt **Pinerolo**, einst Residenzstadt der Savoyer. Am Talende lockt das schneesichere **Sestiere** mit seinen Skipisten. Im **Val Po** entspringt der längste und auch größte Fluss in Italien, der Po. Wanderwege führen zur Sorgente, seiner Quelle, die unterhalb des Monvisos liegt. Das Tal wird vor allem von Wanderern und Bergsteigern sehr geschätzt. Eine der bekanntesten Touren führt durch den ältesten Tunnel der Alpen und über den Colle del Traversette nach Frankreich. Der Weg ist nicht überaus schwer, man bewegt sich jedoch ständig knapp unterhalb der Gletscher in einer atemberaubenden hochalpinen Welt. Südlich davon liegen die wildromantischen und von Naturschönheiten nur so strotzenden Täler **Val Varaita** und **Val Maira**, die durch das kleine **Val Elva** verbunden sind.

Noch weiter südlich davon bilden die Täler den Übergang zu den ligurischen Seealpen, man nennt das Gebiet **Monregalese**. Die Städte Cuneo oder → **Mondovi** eignen sich als Ausgangspunkte für den Besuch.

▶ TURIN

Höhe: 239 m	Karte: B1/2
Einwohnerzahl: 1 116 800	Wanderung: 30

Turin beschert selbst erfahrenen Kennern Italiens und Piemonts erst einmal gänzlich neue Eindrücke. Die Hauptstadt des Piemont zeichnet sich durch rechtwinklige großzügige Straßenzüge aus, selbst die Altstadt weicht davon nicht ab, es gibt große Plätze mit Heldenstatuen, Säulengänge und vorwiegend barocke, aber stets diszipliniert zurückhaltend wirkende Bauten. Sie ist ganz das Gegenteil turbulenter, chaotischer Großstädte wie Rom, Neapel oder auch Florenz. Turin hat viele Gesichter und es gibt einige davon zu entdecken. Die Stadt lebt heute von ihrer Industrie, allen voran vom Automobilkonzern FIAT, aber auch von zahlreichen großen Druckereien. Wer dies weiß und deshalb annimmt, die Stadt sei grau, verdreckt und ständig unter einer Smogglocke verborgen, der irrt gewaltig. Turin hat für den interessierten Reisenden neben seiner Industrie und seinem Fußballclub **Juventus** noch viel zu bieten.

Gegründet wurde die heutige Hauptstadt des Piemont im 3. Jh. v. Chr. von den Tauriern, einem Mischstamm aus Galliern, Kelten und Liguriern. Von ihnen stammt auch der Name, ihr Wappentier, der **Toro** (Stier), ist Symbol der Stadt und allgegenwärtig. Im Zuge der Eroberung Norditaliens durch die Römer wurde aus der Siedlung eine Festungsstadt: »**Augusta Taurinorum**«; sie galt als Tor zu den Westalpen.

Nach dem Fall des Römischen Reiches übernahmen Goten, Franken und Langobarden das Gebiet. 1033 erwarb die französische Grafschaft Savoyen durch Heirat die Markgrafschaft Turin hinzu. Bis 1536 konnten die Savoyer ihre Herrschaft ausdehnen, dann verleibte sich der französische König kurzerhand sämtliche Besitztümer des Hauses Savoyen ein und unterstellte sie direkt der Krone.

Dem Herzog Carlo II. von Savoyen blieb nichts als die Flucht aus seiner Stadt. Sein Nachfolger Emanuele Filiberto durfte nach der Niederlage der Franzosen 30 Jahre später nach Turin zurückkehren und verlegte in diesem Zuge auch seine Hauptstadt von Chambéry nach Turin. Unter Filiberto begannen so erste Stadterweiterungen im Stil der späten Renaissance, wie die rechtwinklig angeordneten Straßen, die heute Turin so übersichtlich machen. Es begann ein rasanter wirtschaftlicher und künstlerischer Aufschwung der Stadt. Berühmte Architekten wie **Filippo Juvarra, Guarino Guarini**, **Carlo und Amadeo di Castellamonte** und **Asciano Vitozzi** gaben dem Stadtbild den typisch französisch-italienischen Charakter, streng und doch freundlich verspielt, der noch heute überall gegenwärtig ist.

1718 erhielten die Savoyer für ihre Verdienste im Spanischen Erbfolgekrieg die Königswürde mit dem Titel »Sardinien und Piemont«. Knapp hundert Jahre später besetzte Napoleon fast zwölf

Die Brücke Umberto I. über den Po in Turin

Jahre lang mit seinen Truppen das Piemont. Der damals zollfreie Handel mit Frankreich bescherte der Stadt trotz der Fremdherrschaft eine ungeahnte wirtschaftliche Blüte. Den Höhepunkt seiner historischen Bedeutung erreicht Turin während der italienischen Einigungsbewegung, dem Risorgimento. Unter **Vittorio Emanuele II**. und dessen Außenminister **Graf Benso Cavour** wurde es 1861 **Hauptstadt des ersten Königreiches Italien**. Als bereits vier Jahre später der Regierungssitz nach Rom verlegt wird, verliert Turin zwar an politischer Bedeutung, doch durch Gründung der Automobilfabrik **FIAT** 1899 ist der unaufhaltsame Aufstieg zu einer der mächtigsten Industriestädte Europas nicht mehr aufzuhalten. So sind neben den barocken Hinterlassenschaften der Savoyer im Zentrum die modernen Wohnviertel und Industrievororte charakteristische Merkmale geworden.

Vom **Monte Cappuccino** aus verschafft man sich einen guten Überblick auf Turin. Der Hügel erhebt sich diesseits des Po direkt hinter der Kirche **Gran Madre di Dio**. Auf seinem Plateau befindet sich das Museum für Alpinismus (**Museo Nazionale della Montagna**) und die Kirche **S. Maria del Monte**. Vor allem zur Dämmerung geben sich viele Pärchen auf der vorgelagerten Piazza ein Stelldichein. Der Blick über die nächtlich beleuchtete Altstadt mit dem **Mole Antonellina**, dem Wahrzeichen der Stadt, ist beeindruckend. Aber auch tagsüber hat Turin viel zu bieten.

Allein die Vielzahl an hervorragenden weltberühmten Museen lässt die Zeit nur so verfliegen. Die **Galleria Sabauda** (Pinakothek), Via Accademia delle Scienze 6, teilt sich mit dem **Museo Egizio** (Ägyptischen Museum) die Räumlichkeiten. Ersteres beherbergt die ansehnliche Gemäldesammlung der Savoyer, viele flämische Werke unter anderem von Rembrandt, Rubens und van Dyck aber auch italienische Meister wie Mantegna, Tintoretto, Ferrari und Lanino um nur einige zu nennen. Das Ägyptische Museum besitzt neben dem in Kairo die umfangreichste Sammlung ägyptischer Kunst- und Gebrauchsgegenstände der Welt. Statuen, Plastiken von Pharaonen und Göttern, Mumien, Sarkophage, Grabstelen, Schmuck und Artefakte, Papyrusrollen, medizinisches Zubehör und Haushaltsartikel geben einen Einblick in den ägyptischen Alltag. Liebhaber von Gemälden und Skulpturen werden sicherlich an einem Besuch in der **Pinacoteca dell'Accademia Albertina** ihre Freude haben. An der Piazza Cas-

Die gläserne Galleria Subalpina von 1872

tello 191 liegt das Museum **Armeria Reale**. Die Waffensammlung wurde 1837 eröffnet und zeigt Waffen der letzten 700 Jahre. Daneben liegt gleich die **Biblioteca Reale**, die neben wertvollen Kodexen, Büchern und Schriften vor allem 2000 Zeichnungen und Skizzen von Leonardo da Vinci aufbewahrt.

Für Freunde der modernen Malerei ist die **Galleria Civica d'Arte Moderna**, Via Magenta 31, fast Pflicht. Die Sammlung umfasst an die 10 000 Ausstellungsstücke, Gemälde und Skulpturen des 18. bis 20. Jahrhunderts. Selbstverständlich gibt es in der Fiatstadt auch ein Automuseum. Das **Museo dell'Automobile »Carlo Biscaretti di Ruffia«,** Corso Unita d'Italia 40, gehört zwar nicht der Agnelli-Dynastie, lässt aber mit mehr als 400 Oldtimern, Motoren und Rennwägen so manches Liebhaberherz ein paar PS schneller schlagen. Das **Museo Nazionale del Risorgimento**, Via Accademia delle Scienze 5, ist eher etwas für eingefleischte Geschichtsfans, es befasst sich mit der Einigung Italiens, liegt aber im besonders schönen **Palazzo Carignano**. Erst kürzlich eröffnet hat das **Museo del Cinema** in der Mole Antonellina.

Die **Piazza Castello** ist das Zentrum Turins. In der Mitte steht der **Palazzo Madame,** gegenüber auf der Piazzetta Reale liegt die Kirche **S. Lorenzo** mit der verwirrend originellen achteckigen Kuppel von Guarini. An die Kirche grenzt der **Palazzo Reale** an, die Residenz der Savoyer und Könige. Vom Ehrenhof, der Südfront des Palazzo Reale erreicht man über einen Durchgang die Piazza S. Giovanni, die von vielen auch **Piazza del Duomo** genannt wird. Hier wurde 1498 der **Dom S. Giovanni Battista** errichtet. An ihn grenzt die **Cappella della S. Sindone**, in der seit 1578 das viel bewunderte, wissenschaftlich untersuchte und dennoch heiß umstrittene **Grabtuch Christi** aufbewahrt wird. Das der Öffentlichkeit zugängliche Tuch ist nur eine originalgetreue Kopie. Auf dem Stoff ist ein lebensgroßer Negativ-Abdruck eines Gekreuzigten in Vorder- und Rückenansicht zu sehen.

Die Existenz des Tuchs ist bis 1353, und zwar bis nach Frankreich nachweisbar. Damals gelangte es in den Besitz der Savoyer und wurde von diesen hierher mitgebracht. Die Cappella della S. Sindone wurde extra für das Grabtuch gebaut, wegen ihrer kühnen und gewagten Kuppelkonstruktion zählt sie zu den Meisterwerken des Barockarchitekten Guarini. Das von der katholischen Kirche als Reliquie anerkannte Turiner Grabtuch wurde im Laufe des letzten Jahrhunderts vielen wissenschaftlichen Prüfungen unterzogen, die die Echtheit des Tuches stark in Zweifel zogen. Die untersuchten Gewebeproben lassen nur eine Datierung bis ins Mittelalter zu. Unklar ist jedoch nach wie vor, wie diese Abdrücke auf das Tuch gelangten. Für die vielen Gläubigen und Pilger spielt das keine Rolle. Vor allem in den letzten Jahrzehnten ist seine Anziehungskraft stark gestiegen, obwohl das Originaltuch nur selten, im 20. Jahrhundert insgesamt nur viermal, gezeigt wird. 1997 stand ganz Turin in Aufruhr, nach gerade abgeschlossenen Restaurierungsarbeiten brannte die Kapelle völlig aus. Doch die Reliquie konnte, wirklich wie durch ein Wunder, unversehrt gerettet werden.

Nach so viel Kultur muss sich der Besucher auch um sein leibliches Wohl kümmern. Hier hat Turin eine Menge zu bieten. Neben hervorragenden Restaurants ist Turin für seine gemütlichen Kaffeehäuser bekannt. In verspiegelten, mit Stuckdecken versehenen oder vom Jugendstil geprägten Räumen kehren nach einem Cappuccino oder Caffè corretto die Kräfte zurück, die man für weitere Stadterkundungen braucht. In der Galleria Subalpina liegt das Kaffeehaus **Baratti & Milano**, das seit 1875 auch feinstes Konfekt verkauft. **Café Mulassano**, Piazza Castello 9, hat wunderschöne Innenräume und gilt als Ursprung der leckeren Tramezzini, ein fein belegtes Toastbrot für den Hunger zwischendurch. Die **Cafébar Zucca**, Via Roma 294, liegt unter Arkaden und ist ein beliebter Treffpunkt nach Dienstschluss.

Zum fürstlichen Essen geht man ins **Ristorante del Cambio**, Piazza Carignano. 1757 eröffnet, war es lange Zeit Stammetablissement von Graf Benso Cavour und hat sich bis heute den Charme alter Zeit erhalten können. Dank des Niveaus der Geschäfte wird Turin als eine italienische Hauptstadt des Shoppings betrachtet. Erfreulicherweise lassen allein 18 km überdachte **Arkadengänge** auch an Regentagen ungestört einkaufen. In der **Via Roma** liegen nicht nur luxuriöse Designergeschäfte, sondern auch Boutiquen, Antiquitätengeschäfte, Buchhandlungen, Juweliere und, was überrascht, so manch gediegener Handwerkerladen. Feinkostgeschäfte laden schon allein wegen ihrer liebevollen und üppigen Dekoration zum Kauf ein. Das Traditionshaus **Paissa**, Piazza S. Carlo 197, ist ein schönes Beispiel.

Die Geschäfte in den eleganten Galerien wie Supalpina und San Frederico sind nicht nur wegen ihrer Architektur einen Besuch wert. Die zentrale Via Garibaldi, die längste Fußgängerzone der Stadt, ist Treffpunkt und Einkaufsmeile. Das Netz der Gassen links und rechts der Via Garibaldi ist reich an Handwerkerläden, Weinhandlungen, kleinen Lebensmittelläden, Nudelherstellern, Bäckereien und einigen alternativen Geschäften. Schön, schon allein zum Ansehen, ist die **Antica Erboristeria della Consolata**, Piazza della Consolata 5. Verkauft werden Kräuter, Tees und Naturmedizin, die dazu passenden Ratschläge bekommt man gratis. Bekannt ist Turin für seine zahlreichen Märkte. Sie finden täglich statt und decken vor allem den Bedarf an Obst, Gemüse und Le-

bensmitteln. Am größten und lebhaftesten ist jedoch der Bauern-
markt am Samstag rund um die **Piazza della Repubblica**.

Neben dem üblichen bunten Angebot der Händler gibt es einen
Flohmarkt, den man hier Bal(tm)n nennt. Jeden zweiten Sonntag
wird daraus der **Grand Balôn**, ein Antiquitätenmarkt, der sich
weit über die Turiner Stadtgrenzen hinaus einen Namen gemacht
hat. Für Schnäppchenjäger lohnt der Direktverkauf bei den Fir-
men »Superga«, Via Francesco Raimondo 30, die für ihre Schuhe
bekannt sind bzw. bei »Kappa Italia«, Via Foggia 42, die Sportar-
tikel herstellen.

Nicht mehr ganz im Zentrum, aber trotzdem von Bedeutung sind
einige der wichtigen Zentren der Wirtschaft und Industrie. Die
ehemaligen Werkshallen von Fiat, das **Lignotto**, wurde saniert
und vom Stararchitekten Renzo Piano in ein gigantisches Kultur-
und Handelszentrum umgebaut. Nun finden in dem 500 m langen Komplex Messen (Auto- und Buchmessen), Kongresse, Konzerte und Ausstellungen statt.

Nachtleben wird in Turin groß geschrieben, insbesondere alles,
was sich um Musik dreht. Das **Teatro Regio**, Piazza Castello 215,
bietet ein anspruchsvolles klassisches Programm, sogar mit einer

Blick vom Monte dei Cappuccini auf das nächtliche Turin mit der Mole Antonelliana

Opernsaison. Saisonhöhepunkte sind das **Festival Settembre Musica**, das internationale **Jazz-Festival** im Juli, Konzerte im **Conservatorio Giuseppe Verdi** und nicht zu vergessen die Konzerte im **Auditorium del Lingotto,** das weltbekannt für seine hervorragende Akustik ist. Auf dem Gebiet des Theaters kann Turin auch einiges aufweisen. Den Vorstellungen des **Teatro Stabile**, junger moderner Spielgruppen, stehen zwölf Theatersäle zu Verfügung. Als einer der schönsten davon gilt das historische **Teatro Carignano**. Lebhaft nicht nur für junges Publikum ist das Westufer des Po zwischen der Ponte Umberto I. und der Ponte Vittorio Emanuele I. In den Lagerräumen entlang der Kaimauern, den **Murazzi**, haben sich in den letzten Jahren verschiedene **Kneipen, Bars und Diskotheken** niedergelassen.

Von hier aus starten während der Sommermonate auch **Schiffe zu Rundfahrten auf dem Po**, wobei man genüsslich am Parco Valentino mit dem Castello del Valentino vorbei bis zur Borgo Mediovale tuckert. Der öffentliche **Parco Valentino** gilt als die grüne Lunge der Stadt. Er zieht sich mit Alleen, Wäldchen, Wiesen und kunstvoll angelegten Blumenrabatten am Ufer des Po entlang. Im

Museum für moderne Kunst im Schloss von Rivoli

Park liegt das nach französischem Vorbild errichtete Lustschloss **Castello Valentino**, das im 16. Jh. von Carlo di Castellamonte erbaut wurde. Etwas südlicher im Park liegt das einzigartige **Borgo Medioevale**.

Mit einem Bus, dem so genannten **Touristibus** (Informationen: Tel. 1670/1 91 52) kann man neben normalen Stadtrundfahrten, auch die außerhalb von Turin liegenden königlichen Residenzen der Savoyer besuchen. Sie sind von der UNESCO als Weltschatz anerkannt. Im Schloss von **Rivoli** ist zeitgenössische Kunst zu sehen, das Schloss **Venaria Reale** ist durch seine 900 qm große Diana-Galerie bekannt, in **Stupinigi** liegt das vierflügelige von Juvarra entworfene Jagdschloss.

Zum Abschluss eines Turinbesuches sollte man vor allem noch die **Basilica di Superga** besichtigen. Die Wallfahrtskirche auf dem 670 m hohen, westlich der Stadt gelegenen Hügel erreicht man am besten mit dem eigenen Auto oder mit der **Zahnradbahn** ab dem Stadtviertel Sassi, die stündlich den 3 km langen Weg auf den Aussichtsberg erklimmt. An klaren Tagen sieht man vom Vorplatz der Basilika über die Stadt am Ufer des Po auf die schneebedeckten Viertausender, die sich den Anschein geben, sie würden unmittelbar hinter der Stadtgrenze senkrecht emporragen.

▶ VAL SARMASSA

Höhe: 200–254 m	*Karte: F4*
Wanderung: 11	

Wie Ausgrabungen bezeugen, stammt der Name des Tales von seinen ersten Besiedlern. Die Sarmaten, ein Nomadenvolk, kamen im 4./5. Jh. n. Chr. aus der entfernten südrussischen Steppe nahe des heutigen Asowschen Meeres.

Das Sarmassa-Tal ist die Heimat des Schriftstellers **Davide Lajolo** (1912–1984). Er wurde im nahen → **Vinchio** geboren und war im Zweiten Weltkrieg, unter dem Decknamen »Ulisse«, Partisanenkämpfer gegen die Faschisten. In den Nachkriegsjahren leitete er als Chefredakteur die kommunistische Zeitung »l'Unitá«. Er veröffentlichte viele Bücher und Geschichten, in denen seine Streifzüge und das versteckte Leben während der Widerstandszeit in den Wäldern von Sarmassa eine große Rolle spielen.

▶ VERDUNO

Höhe: 404 m	*Karte: D5*
Einwohnerzahl: 470	*Wanderung: 15*

Verduno besitzt eine Hauptsehenswürdigkeit, das **Castello von Verduno**. Die Architektur des Herrensitzes wird dem berühmten Baumeister Filippo Juvarra zugeschrieben. Es war im Besitz von König Carlo Alberto von Piemont, der es abwechselnd mit seiner Residenz in Pollenzo nutzte. In der Atmosphäre vergangener Tage lassen sich hier die Hotelgäste verwöhnen. Eine Besichtigung des Weinkellers und Gartens ist auf Anfrage möglich. Verduno ist die Heimat des seliggesprochenen **Sebastian Valfre**, dem hier eine **Wallfahrtskirche** geweiht ist. Valfre wurde 1629 geboren und bereits in jungen Jahren Kaplan am Savoyischen Hof. Er durfte das Leintuch Christi bei dessen Überführung nach Turin zusammennähen, eine damals außerordentlich ehrenhafte Aufgabe.

▶ VICOFORTE

Höhe: 598 m	*Karte: B7*
Einwohnerzahl: 2 700	*Wanderung: 29*

Vicoforte liegt 8 km südlich der Stadt Mondovì und ist durch seine Wallfahrtskirche, dem **Santuario di Vicoforte** bekannt. Der Legende nach traf der Schuss eines Jägers zufällig das Bild einer Muttergottes auf einem Bildstock. Bald darauf wurden von diesem verunglimpften Bild die ersten wundertätigen Begebenheiten berichtet. Wie immer zu damaliger Zeit, sprachen sich »Gottes Wunder« schnell herum. Immer mehr fromme Pilger kamen, um Trost, Wünsche und Hoffnungen an das wundersame Bildnis heranzutragen. Man wollte dem Bildstock zu Ehren eine Kirche bauen. Kein Geringerer als der fromme Herzog Carlo Emanuele I. nahm sich dieser Aufgabe an. Er war ein überzeugter Vertreter der Gegenreformation. So beschloss er zum Zeichen seiner Macht, seines Reichtums und seines Glaubens, 1596 den Bau einer überdimensionalen Wallfahrtskirche.

Planung und Ausführung lagen in den Händen des Baumeisters Ascanio Vittozzi. Innerhalb von fast 140 Jahren wurde ein Gotteshaus

Wallfahrtskirche Regina Montis in Vicoforte

der Rekorde erschaffen. Das Auffälligste ist die **elliptische Kuppel** mit einem Durchmesser von 36,4 m, weltweit eine der größten ihrer Art. Die Ausmalung von immerhin 6 000 m² Fläche war außerordentlich schwierig, viele Künstler und Maler, wie G.G. Bibbiena, M. Bortoloni und F. Biella, setzten sich hier ein ewiges Denkmal.

▶ VINCHIO

Höhe: 269 m	*Karte: F4*
Einwohnerzahl: 950	*Wanderung: 11*

Auf den ersten Eindruck wirkt das kleine Dorf ganz normal. Neben einer Kirche und dem Rathaus gibt es ein paar alte Höfe und neuere Häuser und darum herum zahllose Weinfelder. Aber genau deretwegen unterscheidet sich Vinchio von zahlreichen anderen piemontesischen Dörfern. Der Wein der **Cantina Sociale di Vinchio**, Reg. S. Pancrazio 1, gehört zu den absoluten Spitzenerzeugnissen der Region und ist obendrein sehr preisgünstig. Man muss kein Großabnehmer sein, wenn man davon mitnehmen will. Jeder kann in dem modernen Bau der Weingenossenschaft probieren und kaufen. Besonders freitags ist hier die Hölle los.

Selbst aus Turin, aber ebenso aus der Umgebung kommen die Kunden mit Glasballons, Plastikkanistern und Flaschen und zapfen sich aus Edelstahltanksäulen literweise das begehrte alkoholisierte Nass. Wer auf diese unkonventionelle Art, Wein zu kaufen, nicht eingerichtet ist, bekommt ihn natürlich auch fertig abgefüllt in Flaschen. Eine ganz andere Attraktion in der Gegend ist der 250 ha große **Naturpark della Val Sarmassa** östlich von Vinchio.

▶ VIGNALE MONFERRATO

Höhe: 308 m	*Karte: F2*
Einwohnerzahl: 1 450	*Wanderung: 6*

Seit mehr als 20 Jahren ist Vignale in ganz Italien für sein Tanz-Festival »**Vignale Danza**«, berühmt. Ende Juni verwandelt sich die **Piazza del Popolo** in eine große Open-Air-Bühne. Namhafte Künstler und Tänzer, wie R. Nurejew, Alwin Nikolais oder Lindsay Camp ziehen in das Dorf, das sich für einen Monat völlig in ein Theater verwandelt.

Aber auch außerhalb der Theatersaison ist Vignale einen Abstecher wert. Idyllisch liegt es steil auf einem Hügel, von der Pfarrkirche **S. Bartolomeo** kann man weit ins Umland blicken. Im **Palazzo Calori** aus dem 17. Jh. an der Piazza del Popolo ist die Enoteca Regionale del Monferrato untergebracht. Im Restaurant neben der Enoteca wird Tajarin al Tartufo bianco serviert, die passenden Weine dazu stehen selbstverständlich bereit.

Vorherige Doppelseite: Piazza Mazzini in Casale Monferrato

▶ ANREISE

Mit dem **Flugzeug**: Ca. 16 km nördlich von Turin entfernt liegt der internationale Flughafen Caselle, regelmäßig Shuttlebus zum Stadtzentrum, Fahrtzeit ca. 35 Min.

Mit der **Bahn und Bus**: Der Turiner Hauptbahnhof Porta Nuova ist von den meisten internationalen Bahnhöfen gut zu erreichen. Von dort Intercitys und Regionalzüge sowie viele Buslinien in die entlegensten Orte des Piemont.

Mit dem **Auto** aus dem Norden in das Piemont entweder über die Brennerautobahn, Verona, Brescia und Cremona durch die Lombardei oder über die Schweiz, den San Bernardinopass und das Tessin. Eine landschaftlich reizvolle Alternative ist die Strecke durch den Schweizer Westen, das Wallis oder über den Großen St. Bernhard und das Aostatal. Achtung: österreichische, schweizerische und italienische Autobahnen gebührenpflichtig!

▶ APOTHEKEN

Heißen auf italienische Farmacia und sind zu den normalen Geschäftszeiten geöffnet. Medikamente und Preise entsprechen dem internationalem Standard. Notdienste sind in den Apotheken angeschlagen.

▶ AUSKUNFT

Vor Antritt der Reise erhält man Prospekte, Hotelverzeichnisse und allgemeine Informationen bei den Staatlichen Italienischen Fremdenverkehrsämtern (ENIT):

in Deutschland:

Prospekte bestellt man unter: Tel. 0190/79 90 90.

80336 München, Goethestraße 20, Tel. 089/53 13 17, Fax 53 45 27.

60329 Frankfurt, Kaiserstraße 65, Tel. 069/23 74 30, Fax 23 28 94.

in Österreich:

A-1010 Wien, Kärntnerring 4; Tel. 01/5 05 16 39, Fax 5 05 02 48.

in der Schweiz:

CH-8001 Zürich, Uraniastraße 32, Tel. 01/2 11 36 33, Fax 2 11 38 85

im Piemont/Italien: in der regionalen Agenzia Promozionale Turistica, kurz APT:

I-10128 Turin, Via Viotti 2, Tel. 01/15 62 70 75, Fax 15 62 71 76.

I-14100 Asti, Piazza Alifieri 30, Tel. 0141/53 03 57, Fax 53 82 00.
I-12051 Alba, Piazza Medford, Tel. 0173/3 58 33, Fax 36 38 78.
I-15100 Alessandria, Via Savona 26, Tel. 0131/44 57 11,
Fax 0131/31 75 70.

▶ BADEN

An die ligurische Küste (Riviera di Ponente) ist es über die Auto-
bahn A6 (Turin-Savona) nur ein Katzensprung.

▶ BAHN → ANREISE

▶ BANKEN

haben in der Regel Montag bis Freitag von 8.30–13.30 Uhr und
von 14.45–15.45 Uhr geöffnet. Wechselstuben in den größeren
Städten haben länger geöffnet. Kurse hängen aus. Die meisten
Banken besitzen Geldautomaten.

▶ BESICHTIGUNGEN

Kirchen, Museen und Schlösser schließen normalerweise über
die Mittagszeit. Montag, an → **Feiertagen** sowie zum Großteil an
Sonntagen ist geschlossen. In abseits gelegenen Kirchen erhält
man die Schlüssel meist gegen Hinterlegung des Personalausweises bei der Gemeinde, bzw. gegen einen kleinen Obolus beim
nächsten Bauernhof. Die Initiative **Castelli Aperti** erfreut sich immer größerer Beliebtheit. Private Schlösser und Burgen, die normalerweise nicht zu besichtigen sind, öffnen an bestimmten Tagen ihre Pforten. Broschüre bei den regionalen Tourismusverbän-
den.

▶ BRAUCHTUM → FESTE

▶ CAMPING

Plätze gibt es nur wenige, geöffnet von April bis Oktober.
Asti Umberto Cagni, Localita Valmanera 152,
Tel. 0141/21 81 88.
Agliano Terme, Camping le Fonti, Via alle Fonti 54,
Tel. 0141/95 46 41.
Castel Boglione, Antica Contea, Via Albera 44,
Tel. 0141/76 21 00.

Bei **Cuneo** in San Rocco Castagnarette; Bisalta, Via S. Maurizio 33; Tel. 0171/49 13 34

▶ CIABOTS

Sie finden wir in allen Weinfeldern des Piemonts. Die zum Teil sehr alten und oft historisch wertvollen Häuschen dienen den Bauern als Depot für Geräte, die so nicht über die oft steilen Weinberge zum Hof getragen werden müssen.

▶ DIEBSTAHL

Wie überall sollte man keinerlei Wertsachen im Auto liegen lassen und vor allem über Nacht das Auto komplett ausräumen. Die Gefahr ist in Großstädten wesentlich höher als auf dem Land. Vorsicht auch bei bettelnden Zigeunerkindern, niemals den Geldbeutel vor ihren Augen öffnen.

▶ EINKAUFEN

Außer den üblichen Souvenirs wie Taschen, Schuhe und Bekleidung zählen die kulinarischen Spezialitäten zu den begehrtesten Mitbringseln aus dem südlichen Piemont. Weine und Köstlichkeiten rund um den Trüffel sind am beliebtesten. Nicht zu vergessen sind die verschiedenen regionalen Käsesorten sowie die berühmten Süßigkeiten. Eine Besonderheit ist der in Alessandria produzierte und beheimatete »Borsalino«, ein eleganter Herrenhut. Die alteingesessene Hutmacherei ist inzwischen ein Großbetrieb, der Damen und Herren der ganzen Welt chic behütet. Extravaganzen und günstigen Gold- und Modeschmuck bringt man aus dem nördlich von Alessandria gelegenen Städtchen Valenza mit.

Borsalino-Hüte in Alessandria

ESSEN → EINLEITUNG

FEIERTAGE

1. Januar (Neujahr), 6. Januar, Ostersonntag und Ostermontag, 25. April (Jahrestag der Befreiung vom Faschismus), 1. Mai (Tag der Arbeit); 15. August (Maria Himmelfahrt); 1. November (Allerheiligen); 8. Dezember (Maria Empfängnis); 25. und 26 Dezember (Weihnachten).

FESTE → VERANSTALTUNGEN

FAHRRADVERLEIH

Asti, über ATL, Piazza Alifieri 30, Tel. 0141/53 03 57, Fax 0141/53 82 00, **Alba**, Negozio Destefanis, Corso Langhe 12, Tel. 0173/44 04 52, **Saluzzo**, Negozio Chiara Francesco, Corso Roma, Tel. 0175/4 47 32, **Turin**, Hauptbahnhof Porta Nuova, Corso Vitt. Emanuele II., Tel. 011/6 65 30 96, Parco del Valentino, Viale Ceppi, Tel. 011/6 69 93 72, Parco Pellerina, Corso Appio Claudio 106, Tel. 011/8 17 93 47, **Mondovi**, Negozio Cicli Asteggiono, Via Torino 47, Tel. 0174/4 31 71 und Negozio Mondo Bike, Via Vittorio Veneto 15, Tel. 0174/55 20 10

GELD → WÄHRUNG

GOLFPLÄTZE

Cherasco, Golf Club le Chicciole Tel. 0172/48 97 72; **Carmagnola**, Golf Club La Margeritha Tel. 011/9 79 51 13 südlich von Turin; **Fubine**, Golf Club Margara, Tel. 0131/77 85 55 und **Valenza**, Golf Club La SerraTel. 0131/95 47 78 bei Alessandria; **Fiano Torinese,** Golf Club La Mandria, Tel. 011/9 23 54 40 und Golf Club i Roveri Tel. 011/9 23 56 67 nördlich von Turin; **Acqui Terme**. Golf Club le Colline, Tel. 0144/31 13 86

HAUSTIERE

sind zwar bei Italienern beliebt, doch in den Hotels und vor allem in Restaurants weniger gern gesehen. Am besten vor der Abfahrt erkundigen, ob und zu welchem Preis das gewünschte Hotel auch vierbeinige Familienmitglieder beherbergt.

▶ KARTEN

Für Wanderungen eignen sich die Karten des Istituto Geografico Centrale di Torino Maßstab 1:50 000, für die Wanderungen in diesem Buch wurden die Karten Nr. 15, 18, 19, 20, 24 benutzt. Manche beschriebenen und existierenden Wege sind jedoch in diesen Karten nicht verzeichnet!

▶ KLEIDUNG

Vor allem am Abend legen die Italiener bei Restaurantbesuchen großen Wert aufs Äußere. Zerrissene Jeans und abgetragene Turnschuhe sind im modebewussten Italien tabu. Je nach Kategorie ist für die Herren sogar Hemd, Sakko und Krawatte erforderlich. Auch bei Kirchenbesichtigungen wird eine allzu luftige Bekleidung nicht gern gesehen. Für die Wanderungen sollte man gutes, bequemes Schuhwerk tragen, es genügt leichte Wanderbekleidung. In den Städten kann es Probleme bereiten auf Kopfsteinpflaster mit hohen Absätzen unterwegs zu sein.

▶ KLIMA, REISEZEIT

Im südlichen Piemont ist das ganze Jahr über Saison, am schönsten sind jedoch Frühling und Herbst. An klaren Tagen kann man dann von den Hügeln des Monferrato bis zu den verschneiten Gipfeln der Alpen sehen. Die Sommer können sehr heiß und dunstig sein, die Mückenplage aus der feuchten Poebene kann lästig werden. Ein Antimückenmittel und Sonnenschutzcreme muss man bei den Wanderungen unbedingt dabei haben. Ein bis zwei Tage nach einem kräftigen Regen sind viele der unbefestigten Wege nur sehr schwer begehbar. – Viele Restaurants und Sehenswürdigkeiten sind im August bis zum 15. d. M. geschlossen. Ab Mitte September beginnt die Hauptreisezeit für die Feinschmecker. Zu → **Festen** wie Sagre und Palio in → **Asti** oder zu den Wein- und Trüffelmessen im Oktober und November ist es oft schwierig, Zimmer zu bekommen.

▶ LITERATUR

Das Piemont ist die Heimat vieler großer Schriftsteller wie Vittorio Alfieri, Cesare Pavese, Beppe Fenoglio, Carlo Levi, Carlo Fruttero oder Umberto Ecco. Ihre Werke sind zum Teil in deutscher Übersetzung erhältlich. Für Kunstinteressente empfiehlt sich der

Kunstreiseführer »Piemont und Aosta-Tal« von I. Leinberger und W. Pieppke, Verlag Dumont, Köln.

▶ MÄRKTE

Kleine Wochenmärkte gibt es in allen Städten und Dörfern, sogar an Sonntagen. Sie decken den Bedarf an täglichen Lebensmitteln. Samstag ist meist großer Markttag. Dann werden in **Turin**, **Alba**, **Asti**, **Saluzzo** und **Alessandria** die großen Plätze gesperrt und bis weit in den späten Vormittag hinein ziehen Menschenmassen an den Verkaufsständen vorbei. Casale Monferrato, Acqui Terme und besonders Cherasco sind für ihre bis zu dreimal im Jahr stattfindenden **Bücher- und Antiquitätenmessen** bekannt.

Markttag in Saluzzo

▶ MUSEEN

Außer in Turin sind die meisten Museen über Mittag geschlossen → Besichtigungen. Die kleinen Sammlungen auf dem Land sind oft nur wenige Stunden an bestimmten Tagen zugänglich.

▶ NOTRUFNUMMERN

Notarzt/Rettung: **113**
Polizei/Carabinieri: **112**
Feuerwehr/Virgil del Fuoco: **115**
Pannenhilfe/ACI (italienischer ADAC): **116**

▶ ÖFFNUNGSZEITEN

In der Regel Montag-Samstag von 8.30/9.00–12.30/13.00 und von 15.30/16.00–19.00/20.00 Uhr, manche Geschäfte haben Montag Vormittag geschlossen.

▶ ÖNOTHEKEN → WEINHANDLUNG

▶ PALIO D'ASTI

Dieses Pferderennen zählt neben dem von Siena zu den größten und bekanntesten Festen Italiens. Das Reitturnier geht bis zum Jahr 1275 zurück. Nach Aufzeichnungen des Ortschronisten Guglielmo Ventura trugen die Einwohner Astis ursprünglich den

Palio, das Pferderennen in Asti

Wettstreit vor den Toren der feindlichen Stadt Alba aus. Heute findet das Rennen alljährlich am 3. Wochenende im September auf der Piazza Alfieri statt. Dabei treten insgesamt 21 Stadtviertel und Gemeinden gegeneinander an, um das begehrte karmesinrote Banner mit dem Wappen der Stadt zu gewinnen. Bereits eine Woche vor dem Renntag beginnen die Feierlichkeiten mit Märkten, Probeumzügen, Fahnenschwingerwettbewerben, Festessen und Probeläufen. Der Palio selbst beginnt mit einer hl. Messe und Segnung der Pferde und Reiter. Ein festlicher Umzug von der Kathedrale zum Rennplatz mit 2000 Teilnehmern in aufwändigen mittelalterlichen Kostümen folgt am Nachmittag. Gegen 16 Uhr beginnt das eigentliche Rennen. Die Regeln sind einfach. Geritten wird ohne Sattel, alle Mittel zur Behinderung der Konkurrenten sind erlaubt. Gewonnen hat das Pferd, das nach drei Runden um die Piazza als erstes ins Ziel kommt, egal, ob mit oder ohne Reiter. In den ersten drei Rennen kommen jeweils die schnellsten drei Pferde weiter. Gegen Abend findet schließlich der große Finallauf statt, bei dem jeder Zuschauer von der allgemeinen Aufregung mitgerissen wird.

▶ POLIZEI → NOTRUFNUMMERN

▶ POST

Geöffnet Montag bis Freitag von 8.15–14 Uhr und samstags bis 12 Uhr. Briefmarken (Francobolli) erhält man auch in den Tabacchi-Läden.

▶ RECHNUNGEN

Nach dem Verlassen der Geschäfte, Bars, Cafés und Restaurants eine Weile aufheben. Es kann Stichproben der Polizei geben, Geldstrafen, sowohl für den Geschäftsbesitzer wie den Gast wären die Folge, wenn man keine Rechnung vorzeigen kann. In Bars wird im Voraus an der Kasse bezahlt, gegen Vorlage des Belegs erhält man am Tresen dann die gewünschten Getränke. An Tischen konsumierte Waren sind in Bars deutlich teurer als an der Theke.

▶ RESTAURANTS

Im Piemont wie überall in Italien unterscheidet man zwischen Restaurants, Trattorien, Osterien, Pizzerien und Bars. Die Übergänge sind fließend, selbst manche Osteria entpuppt sich als Luxustempel. Die Agriturismi sind Restaurants in Bauernhöfen oder Weingütern, in denen die Hausfrau mit überwiegend selbst angebauten Produkten kocht. Oft werden auch Zimmer angeboten. Mittlerweile gibt es einen Führer zu allen Agriturismi (Fremdenverkehrsamt). Folgende Restaurants außerhalb unserer Wanderrouten, haben uns besonders angesprochen: **Grazzano Badoglio:** Restaurant Il Bagatto, Piazza Cotti 17, Tel. 0141/92 51 10, gemütlicher Familienbetrieb in Backsteinmauern, sehr gute heimische Küche, das Risotto al Porcini/mit Steinpilzen ist ein Gedicht; Restaurant/Hotel Natalina, Reg. Madonna die Monti, Viale Pininfarina 43, Tel. 0141/92 51 85, der Wirt und seine zuvorkommende Frau zelebrieren förmlich ihre Kochkunst; **Portacomaro:** Restaurant Bottega del Grignolino, Piazza Marconi 16, Tel. 0141/20 26 66; das kleine, in der Schlossmauer eingebaute Lokal bietet zusätzlich Weinproben und Kellerbesichtigungen. Es ist ein Familienbetrieb mit täglich wechselnder Speisekarte. Unbedingt probieren muss man die von der Großmutter hausgemachten Agnolotti oder die mit Nüssen und Schokolade gefüllten Pfirsiche. **S. Stefano Belbo**: Hotel Relais S. Maurizio, Loc. S. Maurizio 39, Tel. 0141/84 19 00; hinter den umgebauten Klostermauern befindet sich nicht nur ein Luxushotel der obersten Klasse, sondern auch das weit über die Grenzen hinaus bekannte Sternerestaurant »Da Guido«. **Alessandria:** Restaurant Il Grappolo, Via Casale 28, Tel. 0131/25 32 17 feinste Küche unter alten Holzbalken, Restaurant L´Arcimboldo, Via Legnano 2. Michelin war die Küche zwei Gabeln wert; **Casale Monferrato**: Restaurant La Torre, Via Gargoglio 3 Tel. 0142/70295, das Kaninchencarpaccio ist einen Versuch wert; **Cherasco:** Osteria della Rosa Rossa, Via S. Pietro 31, Tel. 0172/488133, bekannt für die Schneckengerichte.

▶ RESTAURANTSITTEN

Im Restaurant wartet man, bis der Kellner einen Tisch zuweist, dabei kann man ruhig auf einen Tisch seiner Wahl deuten. Sitzen mehrere Gäste am Tisch, so wird die Rechnung grundsätzlich gemeinsam bezahlt. In vielen Restaurants gibt es keine Speisekarte, sondern nur ein Menü des Tages. Man kann der Küche und dem Wirt vertrauen. Grundsätzlich kann man vorher nach der Zahl der Gänge und dem Preis fragen; → Essen, → Restaurants, → Rechnungen.

▶ RICETTO

ist eine mittelalterliche Fluchtburg. Anfangs waren es einfache Wälle, hinter denen man sich verteidigen konnte, dann baute man in ihnen ganze Bauernhöfe und Vorratsräume. Im Laufe der Jahrzehnte wurden die Wälle zu Mauerringen ausgebaut, so dass sich immer mehr Menschen ansiedeln konnten. War die Lage interessant, so setzte der Landesherr oft noch eine Burg darüber.

▶ SOUVENIRS → EINKAUFEN

▶ SPRACHE

ist Italienisch, in den größeren Touristenzentren sprechen immer mehr Italiener Englisch oder Deutsch. Speisekarten werden in der Landessprache geschrieben.

▶ TELEFONE

findet man nicht nur in Form von Telefonzellen. Viele Bars und Restaurants bieten ein öffentliches Telefon an (Schild mit Telefonhörer). Man findet fast nur noch Kartentelefone. Telefonkarten zu 5000, 10000 und 20000 Lire gibt es in Tabacchi-Geschäften, Hotels, Zeitungskiosken, Bars oder bei der Telecom Italia. Vor der Erstnutzung muss die kleine vorgestanzte Ecke abgerissen werden. Seit 1998 ist die Ortsvorwahl fester Bestandteil für alle Rufnummern, d. h., gleich ob man vom Ausland, innerhalb Italiens oder sogar nur ein Ortsgespräch führen möchte, die Ortsvorwahl inkl. der »0« ist immer zu wählen. Nur Notrufe sind von dieser Regel ausgenommen.

▶ INTERNATIONALE VORWAHLNUMMERN

nach Italien: 0039
nach Deutschland: 0049
nach Österreich: 0043
in die Schweiz: 0041

▶ TRINKGELD

ist, obwohl in den meisten Restaurants inbegriffen, zusätzlich je nach Zufriedenheit des Gastes etwa in der Höhe von 10% üblich. Einfach auf dem Wechselgeldteller liegen lassen.

▶ TRÜFFEL

Der unterirdisch wachsende Pilz, Tuber magnatum pico, wie der weiße Trüffel auf Lateinisch heißt, wächst von Anfang Oktober bis Januar. Im Unterschied zum einfachen schwarzen Trüffel gilt der weiße Tartufo d´Alba als die hochwertigste und auch teuerste Sorte. Die größten und aromatischsten Knollen wachsen um Asti, bei Moncalvo oder im südlichen Monferrato. Die Sucher, die Trifolai schlagen sich mit ihren Hunden die Nächte um die Ohren und hüten Fundstellen wie geheime Schätze. Kein Wunder, je nach Ernte und Saison schwankt der Kilopreis zwischen 1 500 und 3 000 Euro. Mit Hilfe von Schweinen wird schon lange nicht mehr gesucht. Mischlingshunde eignen sich viel besser zur Abrichtung. Mit ihren Spürnasen finden sie den Trüffel, ohne ihn

Trüffelsucher mit seinem Hund

gleich aufzufressen. Belohnt werden sie mit einem Stück Brot, das soll die gute Nase bei der weiteren Suche nicht beeinträchtigen.
Die Hunde selbst werden übrigens, im Gegensatz zu vielen Gerüchten, äußerst fürsorglich behandelt. Das ist auch logisch, denn ein gut abgerichteter Trüffelhund kostet leicht an die 5000 Euro.

Tartufo bianco auf der Trüffelmesse in Asti

Im Oktober findet in Alba eine der ersten Trüffelmessen statt, die ganze Stadt duftet dann recht intensiv nach der weißen Knolle. Diese Fiera del Tartufo gibt es in den darauffolgenden Wochen jeden Samstag in vielen Orten des Monferrato. Wer Trüffel selbst kaufen will, macht das am besten in einem guten Geschäft. Der Trüffel muss fest und trocken sein und selbstverständlich seinen intensiven Geruch verströmen.

Vor dem Gebrauch wird er nur mit einem feinen Bürstchen von der restlichen Erde befreit. Den rohen Trüffel schneidet man mit einem speziellen Trüffelhobel in hauchfeine Scheiben, so entfaltet er sein volles Aroma. Am besten serviert man ihn zu einfachen Gerichten wie Polenta, Spiegelei oder in Butter geschwenkte Eiernudeln, die keinen ausgeprägten Eigengeschmack besitzen.

▶ ÜBERNACHTUNGEN

Wie überall gibt es auch im Piemont Hotels und Pensionen verschiedener Kategorien, doch diese Einordnung gibt oft wenig Aufschluss über die Preise: Hotel, Pensione, Albergo, Camere (Privatzimmer), Bed & Breakfast (Gruppe Sol), Agriturismo (Urlaub auf dem Bauernhof). Nachfolgende Adressen haben uns besonders gut gefallen, sie liegen außerhalb der Wanderrouten und wurden deshalb bei den Touren nicht berücksichtigt. **Grazzano Badoglio:** l'Albergotto, Viale Pininfarina 43, Tel. 0141/92 51 85, romantisches ehemaliges Landgut in ruhiger Lage mit Swimmingpool und hervorragendem Restaurant, **Azzano d'Asti**: Agriturismo: Villa Bricchetto, Via Case Sparse 20, Tel. 0141/55 72 15. Das hübsche Haus mit großzügigem Garten und Pool eignet sich gut für längeren Aufenthalt; **Cortazzone**: Agriturismo Bricco dei Ciliegi, Tel. 0141/99 52 70, kleines schönes Haus mit fünf Zimmern; **Penango**: Hotel Locanda Sant'Uffizio, Fraz Cioccaro, Tel. 0141/91 62 92, Luxushotel, **Rocca d'Arazzo**: Hotel Conte Riccardi, Via al Monte 7, Tel. 0141/40 85 65, die Villa liegt auf einem Hügel östlich von Asti über dem Tanaro, **Castelnuovo Don Bosco:** Jugendherberge, Fraz. Morialdo 30, Tel. 011/9 87 71 11-227, **Rochetta Tanaro**: Fattoria Roceta, Piazza Italia 11, Tel.

0141/64 40 02; in einem umgebauten Gutshof mitten im Ort, aber durch den großzügigen Innenhof wunderbar ruhig. **Alessandria**: Hotel Alli due Buoi Rossi, Via Cavour 32, Tel. 0131/44 52 52, vornehmstes Haus der Stadt in einem alten Palazzo, **Casale Monferrato**: Hotel Leon d´Oro, Via Roma 62, Tel. 0142/7 63 61, saubere Zimmer im Zentrum.

▶ VERANSTALTUNGEN

Eine erschöpfende Auflistung aller Feste, Veranstaltungen und Bräuche ist unmöglich, denn im Piemont wird ständig gefeiert. Die örtlichen Touristenbüros helfen gerne weiter.

März: **Monastero Bormida:** erster Sonntag: Festa del Polentone, gemeinschaftliches Polentakochen mit Umzug.

Mai: **Asti** (1. Dienstag im Mai) Festa di San Secondo, feierliche Palioübergabe an der Kollegiatskirche San Secondo. **Nizza Monferrato** (3. Sonntag im Mai) Corsa delle Botti, ein Wettkampf, bei dem schwere Weinfässer durch die Altstadt gerollt werden. **Acqui Terme**: Cavalcata Aleramica, historisches Pferderennen.

Juni: **Asti** (letzte Juni- und erste Juliwoche) Asti Teatro Theaterfestival. **Canelli** (3. Wochenende im Juni) L´Assedio di Canelli, die

»Hofdame« beim Umzug des Palio von Asti

Belagerung der Stadt von 1613 durch die Spanier wird nachgespielt. **Turin**: 24. Juni Stadtfest zu Ehren des Schutzpatrons S. Giovanni.

Juli: **Asti** (Mitte–Ende Juli) Asti Musica, Musikfestival in Partnerschaft mit Montreux. **Vignale Monferrato:** Die Vignale Danza zählt zu den berühmtesten Ballettereignissen in Italien. Aufführungen unter freiem Himmel, zusätzlich Workshops.

August: **Cortemilia:** Fiesta della Nocciola, beim Haselnussfest dreht sich alles um die braune Nuss und um die Köstlichkeiten, die man aus ihr bereiten kann. **Murrazano:** ein kulinarisches Fest um den Käse Toma.

September: **Asti** (ab dem 2. Wochenende im September) Douja d´Or, große Weinmesse mit Prämierung und Verkostung.

Asti (2. Sonntag) Festival delle Sagre, nach dem historischen Umzug, der alte Bräuche und Arbeitsmethoden der Bauern zeigt, verwandelt sich die Piazza Alfieri für zwei Tage in eine Delikatessenküche. An Ständen kann man piemontesische Spezialitäten verköstigen. **Asti** (3. Sonntag) → **Palio d'Asti**. **Bra:** alle zwei Jahre die Messe »Cheese« rund um den Käse. An Ständen im Stadtzentren gibt es Kostproben, auch von lokalen Weinen.

Okober: Alba (1. Sonntag) Palio del Asini, Eselrennen als ironisches Pendant zum Palio d'Asti. **Moncalvo/Alba** (letzte Oktoberwochen) Fiera di Tartufo, die Trüffelmesse, auf der man direkt vom Trifulao die begehrte Knolle kaufen kann → **Trüffel**. **Turin**: Im Wechsel mit dem Käsefest von Bra gibt es alle zwei Jahre die große Messe »Salone del Gusto«, die von der Vereinigung Slow Food organisiert wird.

November: Dogliani: Das Fest der Cisra geht auf eine karitative Initiative zurück. Im Rahmen einer gastronomischen Woche wird um Allerheiligen vor der Kirche eine Suppe aus Kutteln und Kichererbsen verteilt. **Asti** (letztes Wochenende): Die Fiera di Tartufo auf der Piazza San Secondo ist der Abschluss der Trüffelfeste. **Costigliole d'Asti**: Festa di Bagna cauda, gemeinsames Essen.

Dezember: **Carru** (zweiter Donnerstag)**:** Fiera del Bur Grasso, großer Viehmarkt, ein uriges und untouristisches Spektakel.

▶ WÄHRUNG

Seit Januar 2002 ist der Euro eingeführt. Die meisten Hotels, Geschäfte und Restaurants akzeptieren Kreditkarten. Sogar auf manchen Märkten ist bargeldloses Zahlen möglich.

▶ WANDERZEITEN

sind ohne Pause gerechnet und so bemessen, dass sie ein durchschnittlich trainierter Wanderer gut einhalten kann. Für Pausen oder Besichtigungen (vor allem bei Stadtwanderungen) muss man selbst entsprechend Zeit zugeben.

▶ WEIN

Bacchus, der Gott des Weines, ist womöglich ein gebürtiger Piemonteser. Auf dem relativ bescheidenen Fleckchen Erde gedeiht eine unglaubliche Vielfalt an Reben, die durchwegs zu weltberühmten Weinen verarbeitet werden. Um sich gut zu informieren, empfiehlt es sich, einen speziellen Weinführer zu Rate zu

Tipp

Wein und Grappa direkt vom Winzer

nördlich von Asti: Azienda Agricola L Columbe , Casc. Colobaro, Corsione, Tel. 0330/68 14 87, Antica Distilleria Bosso Luigi, Via Stazione 5, Cunico, Tel. 0141/90 61 98, Cantina S. del Freisa, Via S. G. Bosco 6, Castelnuovo D.Bosco, Tel. 011/87 61 17, Cantina Tenuta dei Re, Reg. Casc. Nuova 1, Casta-gnole, Tel. 0141/29 21 47, Azienda Vitivinicola Gatto, Via Vitt. Emanuele II. 13, Castagnole, Tel. 0141/29 21 49, Cantina Sant´Agata, Reg. Mezzena 19, Scur-zolengo, Tel. 0141/20 31 86

südlich von Asti: Azienda Braida, Via Roma 84, Rocchetta Tanaro, Tel. 0141/64 41 13, Cas. Castlet, Strada Castelletto, Costigliole, Tel. 0141/96 66 51, Cantina Bersano Riccadonna, Piazza Dante 21, Nizza Monferrato, Tel. 0141/72 02 11, Azienda Marcesi Alfieri, Piazza Alfieri 32, S.Martino Alfieri, Tel. 0141/97 62 88

ziehen. Die wichtigsten Sorten: **Barbaresco,** gewonnen aus der Nebbiolo-Traube und geehrt mit der seltenen Qualitätsbezeich-nung DOCG, ein Rotwein mit rubinroter bis oranger Farbe, der nur auf einem 450 ha großem Anbaugebiet zwischen → **Barba-resco** und → **Neive** wächst. **Barolo** ist die Spitzensorte unter den pimontesischen Rotweinen, DOCG ausgezeichnet und minde-stens 3 Jahre in Eichenfässern gelagert. Er besticht durch intensi-ven Duft und tiefe rubinrote Farbe.

Nur elf Dörfer dürfen die Nebbiolotraube zu Barolo verarbeiten. **Barbera**, der einst einfache rote Tafelwein aus der gleichnamigen Traube hat sich in den letzten Jahren ebenfalls eine Position in der Spitzenreihe erobert, im Geschmack herb bis fruchtig, er kann leicht moussieren, besonders zu empfehlen sind Weine mit der Zusatzbezeichnung »Superiore«, die eine Lagerung von min-destens einem Jahr im Eichenfass bedeutet. **Grignolino** wird aus der gleichnamigen seltenen und alten Traubesorte im kleinen An-baugebiet von Portacomaro und Scurzolegno gekeltert, ein Rot-wein mit sehr eigenwilligem Geschmack, der eine leicht bittere Geschmacksnuance hat und stark tanninhaltig ist. **Ruche** aus ei-

ner wenig verbreiteten Traubensorte, von ru-binroter bis purpurner Farbe, mit niedrigem Säuregehalt, wird vor allem um Castagnole Monferrato angebaut. **Nebbiolo** ist ein einfa-cher, weit verbreiteter

Weinlese am Festival delle Sagre von Asti

Nebbiolo-Traube

unten: Weinlese bei Barbaresco

Rotwein mit weich-samtigem Geschmack. Den **Dolcetto** nennt man so, weil die süßen Dolcetto-Trauben für die Gärung verwendet werden, der Rotwein selbst ist trocken, fast alle Regionen haben ihren eigenen Dolcetto, die bekanntesten Anbaugebiete sind → **Diano d'Alba** und → **Dogliani**. Er schmeckt frisch, weich mit leichtem Mandelgeschmack, **Freisa** ist ein variantenreicher Rotwein, je nach Verarbeitung trocken oder lieblich, still bis moussierend im Geschmack, Kenner erschnuppern einen Duft von Himbeeren. **Roero** ähnelt dem Nebbiolo, ist aber nicht so intensiv im Geschmack, dafür fruchtig-frisch, **Roero Arneis** ist ein trockener Weißwein aus der Arneis-Traube, weich im Geschmack. **Erbaluce,** ein trockener Weißwein von gelber Farbe soll jung getrunken werden; aus dem nördlichen Piemont.

Favorita ist eine alte Weißweinsorte aus dem Gebiet des Roero. **Gavi**, der bekannteste Weißwein mit hoher Qualität wird ganz im Osten des Piemonts produziert. **Asti Spumante** nennt man den prickelnden süßen Dessertwein; wenn er die hohe Qualitätsbezeichnung DOCG trägt, hat er nichts mit dem billigem Supermarktartikel gemein. **Moscato d'Asti** stammt wie der Spumante aus der Muskatellertraube mit dem Gütesiegel DOCG, er ist bloß nicht so stark moussierend. **Brachetto d'Acqui** ist ein roter, prickelnder Dessertwein aus der Brachetto- Traube.

▶ WEINHANDLUNG

In den letzten Jahren sind immer mehr regionale (Enoteca Regionale) und örtliche (Bottega del Vino) Weinhandlungen entstanden. In ihnen kann man die Weine kennen lernen, probieren und kaufen. Viele dieser Önotheken befinden sich in alten Schlössern oder in ehemaligen Kirchen. Oft sind kleine Museen oder Restaurants angeschlossen. Alle Adressen und die Öffnungszeiten finden sich in der Broschüre Le Cattedrali del Vino, erhältlich in den Touristenämtern. Hier eine Auswahl: **Acqui Terme**, Piazza Levi 7, Tel. 0144/7 70 27 34, die Enoteca Regionale befindet sich im Palast Robellini. **Barbaresco**, Via Torino 8/a, Tel. 0173/63 52 51. Seit 1986 werden in der ehemaligen Kirche St. Donato rund 120 Weine angeboten. **Barolo**, Piazza Faletti, Tel. 0173/5 62 77. Im stilvollen Schloss der ehemaligen Residenz des Markgrafen Falletti wird der Barolo zelebriert. Den Räumen zur Weinprobe schließt sich ein Museum an. **Canelli**, Corso Libertà 61,

Schild einer Önothek in Canale

Tel. 0141/82 02 31. Der Schwerpunkt dieser in einem alten Stadtpalast gelegenen Önothek liegt auf den Weinsorten, die aus der Muskatellertraube hergestellt werden. Von hier werden auch Besuche der historischen Sektkellereien wie Contratto organisiert. **Costigliole d'Asti**, Via Roma 9, Tel. 0141/96 16 61. In dieser Cantina Comunale dei Vini im Rathaus werden die lokalen Weine präsentiert. **Grinzano Cavour**, Castello di Grinzane, Tel. 0173/26 21 59. Eine der ältesten Landesönotheken befindet sich in dem Schloss aus dem 13. Jh. Neben der großen Auswahl an Weinen und Grappa lohnt der Besuch des angeschlossenen Restaurants. Das Schloss kann man besichtigen. **Portacomaro**, Piazza Marconi 16, Tel. 0141/20 26 66, die Bottega del Grignolino d´Asti befindet sich im alten Gewölbe in der Schlossmauer und ist spezialisiert auf die Sorten Grignolino, Ruche und Barbera. Am besten im Restaurant zu ortstypischen Gerichten probieren.

▶ ZOLL

Innerhalb der EU sind für Privatreisende die Zollgrenzen gefallen. Nur für die Schweiz gelten besondere Vorschriften, die auch für Durchreisende Gültigkeit haben. Geschenkartikel im Wert von über 100 Lire und mehr als 3 Liter Spirituosen müssen deklariert werden.

REGISTER

DIE AUTORIN

Lisa Bahnmüller, geboren 1969 in Rosenheim, studierte Fotodesign an der Bayerischen Staatslehranstalt für Fotografie in München. Nach ausgedehnten Reisen, die sie rund um die Welt führten, arbeitet sie gemeinsam mit ihrem Vater als freiberufliche Fotodesignerin und Textautorin für Buch- und Zeitschriftenveröffentlichungen im In- und Ausland. 1999 erhielt sie für ihre Fotoarbeiten über das Piemont den Kulturpreis der Stadt Asti. Sie lebt heute in Bad Heilbrunn in Oberbayern.

Ein kostenloses Gesamtverzeichnis erhalten Sie beim
Bruckmann Verlag
D-81664 München
www.bruckmann.de

Layout und Satz: EDV-Fotosatz Huber, Verlagsservice G.Pfeifer, Germering
Kartografie: Elsner & Schichor, Karlsruhe

Alle Angaben dieses Werkes wurden vom Autor sorgfältig recherchiert und auf den aktuellen Stand gebracht sowie vom Verlag geprüft. Für die Richtigkeit der Angaben kann jedoch keine Haftung übernommen werden. Für Hinweise und Anregungen sind wir jederzeit dankbar. Bitte richten Sie diese an:
Bruckmann Verlag
Lektorat
Innsbrucker Ring 15
D-81673 München
E-Mail: lektorat@bruckmann.de

Bildnachweis: Alle Fotos von Lisa Bahnmüller.

Die Deutsche Bibliothek – CIP Einheitsaufnahme
Ein Titeldatensatz für diese Publikation ist bei der Deutschen Bibliothek erhältlich.

Neu bearbeitete Ausgabe 2003
© 2000 Bruckmann Verlag GmbH